순결한 영혼, **윤동주**

류양선

목차
Contents

일러두기

* 이 책에서는 윤동주의 생애와 당시의 시대 상황에 유의하면서, 시인이 걸어간 영혼의 여정을 따라가 보고자 하였다. 그리하여 그 여정의 맥락 안에서, 시인의 시편들을 이해하고자 하였다.
* 이 책에서 인용한 윤동주 시의 출전은 왕신영 외 편, 『사진판 윤동주 자필 시고전집(증보판)』(민음사, 2002)이다. 인용 페이지는 따로 밝히지 않았다. 현대어 표기법으로 고쳐서 인용했으나, 시적 효과를 고려하여 원래의 표기 그대로 둔 것도 있다.
* 이 책에 등장하는 인물들에 대한 경칭은 모두 생략하였다.
* 윤동주 관련 자료에 접근하도록 도움을 주신 분들께, 관련 사진을 흔쾌히 제공해 주신 분들께, 이 책을 미리 읽고 조언을 아끼지 않으신 분들께, 그리고 이 책을 기꺼이 출판해 주신 북페리타 이정수 사장님께 진심으로 감사드린다.

여는 글
- 순교(殉教)

윤동주(尹東柱) —

우리는 그를 순결한 청춘의 시인이라고 부른다. 민족의 시인, 신앙의 시인이라고 부른다. 슬픔의 시인, 부끄러움의 시인이라고 부른다.

그러나 그는 무엇보다 순교(殉教)의 시인이었다. 순결, 청춘, 민족, 신앙, 슬픔, 부끄러움의 의미는 모두 이 순교라는 말 속에 고스란히 녹아 있다.

시인이 되는 것은 무서운 일이다. '종소리'도 들려오지 않는 시대, 하늘마저 침묵하고 있는 시대에, 시를 쓰는 것은 실로 두려운 일이다.

윤동주(尹東柱) —

그는 시를 썼다. 슬프도록 아름다운 시, 순교를 소망하는 시를 썼다. 시를 쓰면서, 그는 기다렸다. 순교에의 소망이 '허락(許諾)' 될 때를 조용히 기다렸다. 「십자가(十字架)」(1941. 5. 31)

를 읽어 보자.

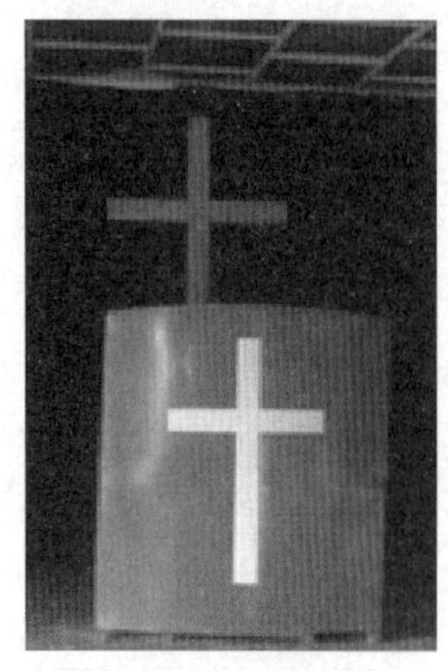
명동역사전시관의 십자가

쫓아오던 햇빛인데
지금 교회당(敎會堂) 꼭대기
십자가(十字架)에 걸리었습니다.

첨탑(尖塔)이 저렇게도 높은데
어떻게 올라갈 수 있을까요.

종(鍾)소리도 들려오지 않는데
휘파람이나 불며 서성거리다가,

괴로웠던 사나이,
행복(幸福)한 예수 · 그리스도에게
처럼
십자가(十字架)가 허락(許諾)된다면

모가지를 드리우고
꽃처럼 피어나는 피를
어두워가는 하늘 밑에
조용히 흘리겠습니다.

이 시는 시가 아니다. 시를 넘어선 그 무엇이다. 시간 저편으로 넘어가는, 또는 시간 저편에서 넘어오는 고갯길이다. 아득히 올려다 보이는, '첨탑' 위의 '십자가' 그 자체이다. 특히, 이 시의 마지막 연은 읽는 이들의 가슴을 친다.

누가 이렇게 말할 수 있을까? 이 무서운 말을, 어쩌면 이토록 '조용히' 말할 수 있을까? 대체 이것은 인간의 언어일까, 아니면 하늘의 언어일까?

시인은 시대의 칼날 앞에 "모가지를 드리우"겠다고 말한다. '모가지'에서 울려 나오는 시인의 여린 목소리는 우리의 귀를 먹먹하게 한다. 우리의 온몸을 떨리게 하고, 우리의 온 마음을 두렵게 한다.

이 시가 쓰인 1941년 5월, '하늘'도 '하늘 밑'도 어두워가고 있었다. 일제는 이미, 한국어(조선어) 교육을 전면 금지했고, 한글로 쓰인 잡지들을 강제로 폐간시켰다.

세계 곳곳에서는 전쟁의 참극이 벌어지고 있었다. 태평양 전쟁의 전운마저 감돌면서, 캄캄한 어둠이 온 세상에 짙게 내려 깔리고 있었다.

시인은 그 어둠 속에, 자신의 '피'를 흘리겠다고 말한다. 청춘의 제단에, 민족의 제단에, 시대의 제단에, "꽃처럼 피어나는 피를 / 조용히 흘리겠"다고 말한다. 그리하여 죽음을 살아내겠다고 말한다.

아아, 시인은 마침내 순교에의 소망을 이루었다. 1945년 2월 16일 새벽, 이역만리 후쿠오카(福岡) 형무소에서 숨을 거둔 것이다. 이 시를 쓴 지 3년 8개월 반 만이었고, 해방되기 6개월 전이었다. 후쿠오카에서 화장한 뒤 수습한 시인의 유골은 북간도 용정(龍井) 동산의 중앙교회 묘지에 묻힌다.

이 시에서 '조용히' 말한 대로, 시인은 "어두워가는 하늘 밑에" 청춘의 피를 흘렸다. '피'는 생명이다. 생명은 '꽃'으로 피어난다. 그러기에 흘리는 '피'는 피어나는 '꽃'이다. 순결한 청춘의 피를 흘리는 것은 곧 새 생명이 "꽃처럼 피어나는" 것이다.

시인윤동주지묘(詩人尹東柱之墓)

이 시는 인간의 언어가 아니다. 하늘의 언어가 시인을 통해 인간의 언어로 번역된 것이다. 시인은 하늘의 말씀을 받아 안고, 순교의 길을 걸어간 것이다. 이제, 그 순결한 영혼의 여정을 따라가 보자.

1 소년 少年

윤동주는 1917년 12월 30일, 북간도(北間島) 명동촌(明東村)에서 태어났다. 아버지는 윤영석(尹永錫)이고, 어머니는 김용(金龍)이다. 윤동주의 조상은 본래 함경북도 종성에서 살았는데, 1886년 그의 증조할아버지(윤재옥, 尹在玉) 때 두만강을 건너 북간도 자동(子洞)으로 이주했다가, 1900년 다시 명동으로

윤동주 생가

옮겨 살았다.

동주는 어려서 기독교 유아세례를 받았다. 윤동주가 태어날 당시, 그의 할아버지 윤하현(尹夏鉉)은 부유한 농부이자 기독교 장로였고, 아버지 윤영석은 명동학교 교원이었다. 명동학교는 신학문을 가르치는 학교로, 1908년 4월 27일 '명동서숙(明東書塾)' 이란 이름으로 개교하였다.

명동촌은 함경북도 종성과 회령에 거주하던 유학자(儒學者) 가문 141명의 이민단이 1899년 집단 이주하여 개척한 마을이다. 그 1년 뒤 윤동주네가 합류한 것이다. 실학의 전통을 이어받은 유학자들은 세 군데에 서재를 설치했었는데, 윤동주의 외숙 김약연(金躍淵)의 규암재(圭巖齋)를 중심으로, 신학문을 가르치기 위한 명동서숙(明東書塾)을 세운 것이다.[1)]

김약연 목사 기념비

명동촌에 기독교가 들어온 것은 명동서숙의 초대 숙장 박무림이 1909년 정재면(鄭載冕)을 교원으로 초빙하면서부터이다. 서울 상동청년회에서 박무림과 함께 활동했던 정재면은 '북간도 교육단'을 편성하여 용정(龍井)에 와 있었다. 정재면이 부임하면서부터 기독교 교육이 시작되고, 교명도 1909년 4월 10일 '명동학교(명동야소교학교)'로 개칭된다.[2] 그리고 정재면이 부임한 지 채 1년도 안 되어 명동촌에 교회가 서게 된다.[3] 이 지역에 기독교 민족주의가 싹트기 시작한 것이다.

윤동주는 1925년 4월 명동소학교에 입학해서, 1931년 3월에 졸업한다. 함께 입학해서 함께 졸업한 친우로는 송몽규, 문익환, 김정우 등이 있다. 명동학교의 교가(校歌)는 이 학교의 민족교육이 어떤 정신에서 나온 것인지 잘 말해준다.

명동학교 옛터 표지

흰 뫼가 우뚝코
은택이 호대한
한배검이
끼치신 이 터에
그 씨와 크신 뜻
넓히고 기르는

나의 명동[4)]

복원된 명동학교

'흰 뫼'는 백두산이고, '한배검'은 단군왕검이다. '그 씨'는 단군의 후손이라는 말이다. 송우혜(宋友惠)는 이 가사의 뜻이 아주 다부지다면서, "이곳은 우리 조상의 땅이며 지금 그 뜻을 잇는 후손을 기르고 있음을 내세워, 단호하게 그 땅의 주권을 주장하는 것"[5)]이라고 썼다. 어려서부터 윤동주의 친우였던 문익환은 명동소학교 시절을 다음과 같이 회고한다.

동주(東柱)와 내가 졸업하던 1931년까지는 명동학교(明東學校)는(그때는 소학교(小學校)뿐이었음) 행사 때마다 태극기를 걸고 애국가를 불렀다. 학과목 가운데서 가장 중요한 과목이 한국사였다는 것은 더 말할 나위도 없다. 작문 시간에는 어떤 제목이 나오든 '조선독립(朝鮮獨立)'으로 결론을 끌고 가지 않으면 제대로 점수를 못 받았을 정도였다.

망국(亡國)의 울분을 짓씹으면서도 우리는 조국의 품 안에 안겨 있는 느낌이었다. 거기는 우리 선조들이 쌓았던 성터가 남아 있었고 땅 속에서는 우리 선조들이 쓰던 활촉이 무더기로 나왔고 절구 같은 생활도구들이 땅을 가는 보습에 걸려 나왔다. 거기는 남의 나라가 아니었다. 거기만은 조국이 살아 있었던 것이다. 동주(東柱)나 나의 고향은 바로 북간도(北間島) 명동(明東)이었다. 거기서 태어났기 때문에 거기가 몸의 고향이요, 거기서 조국의 품에 안겨 자랐기 때문에 거기가 마음의 고향이었다.[6)]

문익환의 이 글은 당시 명동소학교를 다닌 소년들이 어떤 환경에서 무엇을 배우며 자랐는지 잘 알려준다. 나라는 망했지만 "조국의 품 안에 안겨"서, 철저한 민족교육을 받았다는 것이다.

명동촌을 에워싸고 있던 자연풍경은 어떠했던가? 역시 윤동주와 함께 명동소학교를 다녔던 김정우는 "이 마을은 사방이 산으로 둘러싸여 있는 아늑한 큰 마을"이라고 말한다. "동북서로 완만한 호선형(弧線形) 구릉이 병풍처럼 마을 뒤로 둘러 있고, 그 서북단에는 선바위란 삼형제 바위들이 창공에 우뚝 솟아 절경을 이루며 서북풍을 막아주고 있다."[7)]는 것이다. 김정우는 계속해서 명동 마을의 정경을 다음과 같이 묘사한다.

봄이 오면 마을 야산에는 진달래 · 개살구꽃 · 산앵두꽃 · 함박꽃 · 나리꽃 · 할미꽃 · 방울꽃들이 시새워 피고, 앞 강가 우거진 버들 숲 방천에는 버들강아지가 만발하여 마을은 꽃과 향기 속에 파묻힌 무릉도원이었다. 여름은 싱싱한 전원의 푸름에 묻혀 있고, 가을은 원근 산야의 단풍과 무르익은 황금색 전답으로 황홀하였다.

겨울의 경치는 더욱 인상적이었다. 산야 나목의 앙상한 가지들이 삭풍에 울부짖고 은색 찬란한 설야엔 옥색 얼음판이 굽이굽이 뻗으며 선바위골로 빠지는 풍경은 실로 절경이었다.[8)]

아름다운 자연 풍경이 계절의 변화에 따라 잘 그려져 있다. 시인은 아름다운 자연 속에서, 그리고 기독교 마을의 분

명동촌(明東村)

위기 속에서,[9] 민족주의 교육을 받으며 자라난 것이다.[10]

김정우는 또, 윤동주와 송몽규가 서울에서 발간되는 소년 소녀들을 위한 월간 잡지를 구독했다고 기억한다. 그리고 5학년이 되자, 윤동주와 송몽규의 발기로 『새 명동』이라는 잡지를 몇 호 발간한 일도 있었다고 한다.[11] 뿐만이 아니다. 문익환의 회고에 따르면, 6학년 때 학생 자치회가 조직되어 한 달에 한 번 벽신문을 냈는데, 그 신문에 윤동주의 글이 가끔 실렸다고 한다.[12]

그러나 명동소학교 시절에 쓴 시인의 작품은 단 한 편도 남아 있지 않다. 따라서 시인이 소년 시절에 지녔던 생각과 감정을 구체적으로 알아볼 수는 없다. 하지만, 훗날 쓰인 시인의 작품들을 읽으면서, 시인의 삶의 여정에서 소년 시절이 어떤 의미를 지니는지 탐색해 볼 수는 있을 것이다.

시인은 성년이 된 이후인 연희전문학교 시절, '순이(順伊)'가 등장하는 시 두 편을 썼다. 「소년(少年)」(1939)과 「눈 오는 지도(地圖)」(1941. 3. 12)가 그것이다. 이 시편들에 나오는 '순이(順伊)'는 시인 자신의 안온했던 소년 시절을 의미하는 것으로 읽힌다. 먼저, 「소년(少年)」(1939)을 읽어 보자.

여기저기서 단풍잎 같은 슬픈 가을이 뚝뚝 떨어진다. 단풍잎 떨어져 나온 자리마다 봄을 마련해 놓고 나뭇가지 위에 하늘

> 이 펼쳐 있다. 가만히 하늘을 들여다보려면 눈썹에 파란 물감이 든다. 두 손으로 따뜻한 볼을 씃어보면 손바닥에도 파란 물감이 묻어난다. 다시 손바닥을 들여다본다. 손금에는 맑은 강물이 흐르고, 맑은 강물이 흐르고, 강물 속에는 사랑처럼 슬픈 얼굴 — 아름다운 순이(順伊)의 얼굴이 어린다. 소년(少年)은 황홀히 눈을 감아 본다. 그래도 맑은 강물은 흘러 사랑처럼 슬픈 얼굴 — 아름다운 순이(順伊)의 얼굴은 어린다.

이 시에서 '소년(少年)'은 3인칭으로 서술되어 있다. 소년의 뒤에 숨어 있는 청년이 소년을 관찰하고 있는 까닭이다. 그런데 이 청년은 단순히 소년의 이야기를 전하는 작중화자의 역할만 하고 있는 것이 아니다. 그는 소년을 통해 자신의 이야기를 내밀히 털어놓는 숨은 시적 자아이다.

따라서 이 시에 등장하는 '소년'은 청년의 과거 모습이다. 청년이 과거로의 시간 여행을 통해 소년이 되어 황홀경에 빠진 것이다. 아름다운 '순이(順伊)'는 소년이 투영된 모습, 즉 청년이 소중히 품고 있는 어린 시절의 추억이다.

청년은 왜 이처럼 소년 시절을 그리워하고 있을까? 청년 자신의 현재가 뭔가 조화롭지 못한 상태이기 때문이리라. 청년의 마음이 고통이라든가 슬픔이라든가 하는 부정적 상황에 놓여 있는 까닭이리라.

동심의 세계에서 합일되었던 자아와 세계가 균열된 것이다. 그러기에 단풍잎처럼 고운 '순이'의 얼굴도 "사랑처럼 슬픈 얼굴"이 된다. 시인에게 소년 시절이란 슬픈 마음으로 돌아가 보는 아름다운 고향이요, 슬픈 사랑으로 되살아오는 아름다운 추억이다. 이제, 「눈 오는 지도(地圖)」(1941. 3. 12)를 읽어 보자.

> 순이(順伊)가 떠난다는 아침에 말 못할 마음으로 함박눈이 나려, 슬픈 것처럼 창(窓) 밖에 아득히 깔린 지도(地圖) 위에 덮인다.
>
> 방(房) 안을 돌아다보아야 아무도 없다. 벽(壁)과 천정(天井)이 하얗다. 방(房) 안에까지 눈이 나리는 것일까, 정말 너는 잃어버린 역사(歷史)처럼 홀홀히 가는 것이냐, 떠나기 전(前)에 일러둘 말이 있던 것을 편지를 써서도 네가 가는 곳을 몰라 어느 거리, 어느 마을, 어느 지붕 밑, 너는 내 마음 속에만 남아 있는 것이냐, 네 쪼고만 발자욱을 눈이 자꾸 나려 덮여 따라갈 수도 없다. 눈이 녹으면 남은 발자욱 자리마다 꽃이 피리니 꽃 사이로 발자욱을 찾아 나서면 일 년 열두 달 하냥 내 마음에는 눈이 나리리라.

이 시는 눈을 소재로 쓰였다기보다, 시 전체가 온통 눈으로 덮여 있는 느낌을 준다. 먼 곳에도 가까운 곳에도, 창 밖에도 방 안에도 눈이 오고 있다. 아니, 시인의 마음 안에까지 함박 눈이 내리고 있지 않은가?

시가 그만 눈이 되고 말았다고 할까? 아니면, 눈이 시인의 마음을 타고 나와 비로소 제 모습을 갖추었다고 할까? 그러고 보니, '눈 오는 지도(地圖)'는 참으로 이 시에 딱 들어맞는 제목이 아닐 수 없다. '눈 오는 지도'란 곧 시인 자신의 마음의 지도인 것이다.

지도란 무엇인가? 넓은 공간을 같은 비율로 축약해서 표시한 그림이다. 동서남북으로 펼쳐진 공간을 '여기'에 응축시켜 놓은 그림이다. 그런데 이 시의 '눈 오는 지도'는 공간은 물론 시간까지 표시하고 있는 특수한 지도이다.

시인의 마음에는 현재만이 아니라, 먼 과거에도 눈이 내리고 먼 미래에도 눈이 내린다. 시인은 아득히 펼쳐진 공간과 아득히 이어지는 시간을 현재의 눈 내리는 정경 속으로 끌어당겨 응축시킨다. 아득한 공간과 아득한 시간이 새하얀 빛으로 통일되는 바로 그 순간, 시인은 영원을 본 것이리라.

시인은 이처럼, 영원을 지금 이 순간에 당겨놓는다. 그렇게 할 수 있는 힘은 시인이 내밀하게 간직하고 있는 소년 시절의 추억, 즉 '순이'로부터 나온다. 시인은 '순이'를 매개로, 순결했던 과거와 순수해야 할 미래를 '지금'이라는 하나의 점에

응결시켜 놓고 있는 것이다.

지도란 또 무엇인가? 어디 먼 곳을 찾아가려 할 때, 길잡이 구실을 하는 그림이다. '눈 오는 지도'에 아득한 시간이 깔려 있는 것은 시인이 이미 걸어온 길과 앞으로 걸어갈 길을 자신의 마음의 지도에 그려 넣었다는 것을 의미한다. 그 길은 "일 년 열두 달 하냥" 눈이 내리는 순결한 슬픔의 길이다.

아, 시인은 지금, 추억 속의 '순이'를 가슴 깊이 간직하고, 영원 속의 '순이'를 찾아 미래를 헤쳐 가겠다고 말하고 있는 것이다. 어둠의 시대를 가득 채우고 있는 허위와 불의에 물듦이 없이 자신의 길을 걸어가겠다고 다짐하고 있는 것이다. 여기에 이르러, '순이' 즉 시인의 소년 시절은 미래를, 또는 영원을 향해 나아가는 힘과 용기의 원천이 되고 있는 것이다.

2 심지 心志

윤동주는 1931년 3월 명동소학교를 졸업하고, 그해 4월 송몽규, 김정우와 함께 화룡 현립 제일소학교에 편입하여 1년간 수학한다. 이 학교는 뒤에 '지신명동학교'가 되었다.[13] 시인은 훗날, 저 청신한 감성의 시 「별 헤는 밤」(1941. 11. 5)에서

지신명동학교

'페이(佩)', '찡(鏡)', '위(玉)'라는 이국소녀(異國少女)들의 이름을 부르는데,[14] 이것은 시인이 이 학교에 다니면서 알게 된 중국소녀들의 이름일 것이다.

1932년 4월, 윤동주는 송몽규, 문익환과 함께 용정(龍井)에 있는 은진(恩眞)중학교에 입학한다. 용정은 1905년을 전후하여 간도로 망명 또는 이주했던 민족운동가들이 1906년 4월경부터 독립운동기지의 후보지로 생각하고 건설에 착수하였던 곳이다. 이상설(李相卨)은 1906년 8월경에 용정에 정착하여, 간도지방 민족주의 교육의 효시라고 할 수 있는 서전서숙(瑞甸書塾)을 설립하였다.[15]

이후, 용정은 당시 북간도 신문화운동의 중심이 되었고, 따라서 이곳에 많은 학교들이 세워졌다. 1911년 8월 영신학교의 설립을 시작으로, 명신여학교, 은진중학교, 일광학교, 동흥중학교, 영신학교 중학부, 대성중학이 설립되었다. 그리하여 "1921년에 이르러서는 중학교만 해도 4개가 있었기에 연변 이외의 - 조선과 소련에 있는 청년들도 새 문화, 과학지식을 탐구하러 용정으로 모여들었다."[16]

윤동주가 다녔던 은진중학교는 캐나다 선교부에서 세운 학교이다. 캐나다 장로회 선교사들은 한인들의 독립운동을 적극 지원했다. "김약연이 간도에서 한인들을 중심으로 교육운동·한인결사운동에 전념하자 선교사인 바커(A. H. Barker,

박걸-朴傑), 푸트(W. R. Foote, 부두일-富斗一), 스코트(W. Scott, 서고도-徐高道), 마틴(S. Martain, 민산해-閔山海) 등은 자신들의 위해를 돌보지 않고 한인들의 민족운동에 도움을 주었다."[17]

푸트는 1919년 하반기부터 중학교를 세우기 위해 교사를 마련하고 학생들을 모집하기 시작하였다. 그리하여 1920년 2월 은진중학교가 설립된다. 은진(恩眞)이라는 교명은 "하느님의 은혜로 진리를 배운다."[18]는 뜻이다. 푸트가 초대 교장으로 취임하고, 이태준을 학감으로, 김약연, 이병하, 박예수 등을 고문으로 정했다. 개학할 때의 학생 수는 27명이었다.[19]

은진중학은 캐나다 선교부의 선교기지에 위치했는데, 이곳은 '영국덕이'라고 불리는 치외법권 지역이었다. "선교구

은진중학 옛터 표지

는 철책을 두르고 정문에 영국기를 높이 걸어 일본과 중국 관헌의 출입을 엄하게 막았다."[20] 그리하여 일제의 간섭을 피해 민족교육을 실시할 수 있었던 것이다. 윤동주와 함께 은진중학을 다녔던 문익환은 다음과 같이 말한다.

> 우리는 거기서 태극기를 휘두르며 애국가를 목청껏 부를 수 있었다. 신나는 일이 아닐 수 없었다. 학교 행사 때마다, 심지어 급회를 할 때에도 우리는 애국가를 부르는 것으로 시작하였다.[21]

이 회고는 북간도 지역에서 기독교 민족주의가 어떻게 뿌리내리고 있었는지를 잘 말해준다. 특히, 이 학교의 교사였

윤동주 시비(용정 대성중학교)-「서시」

던 명희조(明義朝)는 학생들에게 민족독립의 정신을 강렬히 불어넣어 주었다고 한다. 그는 동양사와 국사를 강의했는데, "조국광복을 먼 안목으로 내다볼 수 있도록 깨우쳐 주었다."[22]는 것이다.

윤동주의 고종사촌 송몽규는 명희조의 영향으로 1935년 4월 임시정부 낙양군관학교에 입학하기 위해 용정을 떠난다. 송몽규는 뒤에 체포되어 고초를 겪고 풀려나거니와, 그 이후 일제의 요시찰 인물이 되는데, 이것은 윤동주와 송몽규가 출생에서 순교까지 함께 하는 운명적인 소인(素因)으로 작용한다.[23]

윤동주는 은진중학교 3학년이 끝나가는 1934년 12월 24일, 오늘날까지 남아 있는 작품들 중에서 최초의 것으로 알려진 시 3편을 썼다. 「초 한 대」, 「삶과 죽음」, 「내일은 없다」가 그것이다.

6개교 연합기념비(은진중, 동흥중, 광명중, 광명여중, 대성중, 명신여중)

시인은 이 3편의 시를 성탄 전야에 썼다. 물론 그때 갑자기 시상이 떠올라 한

꺼번에 3편을 쓴 것은 아닐 것이다. 은진중학 시절 계속해서 써 오던 작품들을 그날 비로소 완성해서 써 둔 것이겠다. 먼저, 「초 한 대」을 읽어 보자.

광명(光明)의 제단(祭壇)이 무너지기 전
나는 깨끗한 제물(祭物)을 보았다.

염소의 갈비뼈 같은 그의 몸
그의 생명(生命)인 심지(心志)까지
백옥(白玉) 같은 눈물과 피를 흘려
불살라 버린다.

그러고도 책머리에 아롱거리며
선녀처럼 촛불은 춤을 춘다.

매를 본 꿩이 도망가듯이
암흑(暗黑)이 창구멍으로 도망한
나의 방에 품긴
제물(祭物)의 위대(偉大)한 향(香)내를 맛보노라.

이 시는 구약 시대 이스라엘에서 행해지던 번제(燔祭)를 소재로 한 작품이다. 번제에 관한 규정은 레위기 1장에 나와 있는데, 야훼께서 만남의 장막에서 모세에게 말씀하시는 형식으로 쓰여 있다. "이것은 번제물, 곧 주님을 위한 향기로운 화제물이다."(레위 1,13)

"염소의 갈비뼈 같은" 초 한 대는 "그의 생명(生命)인 심지(心志)까지 / 백옥(白玉) 같은 눈물과 피를 흘려 / 불살라 버린다." 시인은 타오르는 '초 한 대'를 하느님께 바쳐지는 번제물(염소)에 비유하고, "제물(祭物)의 위대(偉大)한 향(香)내"를 '맛보' 고 있다.

번제는 신약 시대에 와서, 십자가에서 죽음을 맞이한 예수 그리스도의 온전한 헌신과 희생을 상징하는 의미를 지니게 된다. 그리스도는 스스로 제물이 됨으로써 죄악에 빠져 헤어나지 못하는 인류를 구속(救贖)한 것이다. 시인은 사실, 번제에 내포된 이러한 깊은 의미를 생각하면서 이 시를 썼을 것이다.

그렇다고 해서, 이 시를 그리스도를 찬양하는 것으로만 읽을 수는 없다. 이 시의 바탕에는 시인이 놓인 현실이 깔려 있기 때문이다. 시인은 날로 어두워가는 민족적 · 시대적 상황을 신앙으로 극복하고자, 자기 자신을 '초 한 대'에 비유하고 있는 것이다. 자신의 "생명(生命)인 심지(心志)까지" 불살라, '암흑(暗黑)'을 물리치려고 하는 것이다.

이 시가 쓰인 성탄 전야는 시인이 겨우 만 열일곱 살이 되어가는 시점이었다. 아직 성년도 되지 않은 청소년기에, 시인은 그의 첫 작품으로 이 시를 쓰면서, 자기 자신을 하느님께 제물로 바치겠다는 마음을 은연중에 내비치고 있는 것이다. 이 시를 쓴 지 10년 남짓 뒤에, 시인은 실제로 적국의 땅 후쿠오카 형무소에서 순교한다.

그렇다면 시인은 이 시를 쓸 때 이미, 마음 깊은 곳에서 자신의 미래를 예감하고 있었단 말인가? 아, 시를 쓴다는 것은 정녕 두려운 일이다. 이제, 「삶과 죽음」을 읽어 보자.

삶은 오늘도 죽음의 서곡(序曲)을 노래하였다
이 노래가 언제나 끝나랴

세상 사람은 —
뼈를 녹여내는 듯한 삶의 노래에
춤을 춘다
사람들은 해가 넘어가기 전(前)
이 노래 끝의 공포(恐怖)를
생각할 사이가 없었다

하늘 복판에 알 새기듯이

이 노래를 부른 자(者)가 누구뇨
그리고 소낙비 그친 뒤같이도
이 노래를 그친 자(者)가 누구뇨

죽고 뼈만 남은
죽음의 승리자(勝利者) 위인(偉人)들!

먼저, 이 시의 제목이 '삶과 죽음' 라는 것에 주목하자. 시인은 진짜 삶이 어떤 것인지를 이야기함으로써, 죽음의 문제를 극복하고자 하는 것이다. 사실 이 '삶과 죽음' 의 문제가 해결되지 않는 한, 인간은 결국 허무의 심연에 떨어지고 말 따름이리라.

그러나 세상 사람들은 '삶의 노래' 에 취해서, 그것이 '죽음의 서곡(序曲)' 이라는 것을 모른다. 그래서 그 '삶의 노래' 의 '끝' 에 다가오는 죽음의 '공포(恐怖)' 를 생각하지 못한다. 대체 이 노래를 부른 자는 누구이며, 이 노래를 그친 자는 누구인가?

죽음으로 귀결되고야 말 '삶의 노래' 를 부른 자는 첫 사람 아담이다. 창세기 3장에는 아담이 뱀의 유혹으로 선악과를 따먹고 죽음의 벌을 받는 이야기가 나온다. "너는 먼지이니 먼지로 돌아가리라." (창세 3,19)

'죽음의 서곡'에 불과한 '삶의 노래'를 그친 자는 둘째 사람(또는 나중 사람) 예수 그리스도이다. "첫 인간은 땅에서 나와 흙으로 된 사람"이지만, "둘째 인간은 하늘에서 왔"다(1코린 15,47). "아담 안에서 모든 사람이 죽는 것과 같이 그리스도 안에서 모든 사람이 살아날 것"(1코린 15,22)이다.

첫 사람 아담은 이 세상에 죄악과 죽음을 불러들였지만, 둘째 사람 그리스도는 십자가 위에서 그 죄악과 죽음을 깨뜨렸다. 그리하여 사람과 하느님과의 관계를 회복시켰다. 그리스도는 죄로 인해 죽을 운명에 놓인 사람들에게 새로운 생명을 주는 구원자이시다. 그리스도를 따라 죽음의 길을 걸어간 순교자들 역시 "죽음의 승리자(勝利者) 위인(偉人)들"이다.

아직 열일곱 살밖에 안 된 시인이 이 시 한 편으로 삶과 죽음의 문제를 해결했다고 보는 것은 무리일 것이다. 그러나 적어도, 삶과 죽음의 문제를 존재론적으로 해명하지 않고는, 이 세상의 삶에 어떤 의미의 빛도 부여할 수 없다는 것을 시인은 자각하고 있었으니, 이 점이 놀라운 것이다. 이제, 「내일은 없다」를 읽어 보자.

내일내일 하기에
물었더니
밤을 자고 동틀 때

내일이라고.

새 날을 찾던 나는

잠을 자고 돌보니

그때는 내일이 아니라

오늘이더라.

무리여!(동무여!)

내일을 없나니

…………

이 시에는 '어린 마음에 물은—' 이라는 부제가 붙어 있다. 어린 마음에, 내일이 언제냐고 물었더니, 자고 나서 동틀 때가 내일이라고들 한다. 그러나 자고 나서 돌아보니 이미 "그때는 내일이 아니라 / 오늘이더라."는 것이다. 그러니 '내일은 없다'는 것이다.

이 시 역시 신앙의 표현이리라. 그것은 아마도, 내일 일을 지나치게 염려하지 말고, 다만 '오늘'을 충실히 살라는 의미이리라. "그러므로 내일을 걱정하지 마라. 내일 걱정은 내일이 할 것이다. 그날 고생은 그날로 충분하다."(마태 6,34)

이것은 물론, 아무런 계획도 없이 되는 대로 살아가라는 의미가 아니라, 하느님과 단절된 채 모든 문제를 스스로 해결하려고 지나치게 염려하는 태도를 경계하는 것이겠다. 나날의 삶에서 무엇보다 중요한 것은 그날그날 주어지는 일을 성실하게 감당해 나가는 것이다. 이런 삶의 태도는 내일의 일을 하늘에 맡기는 데서 비롯된다.

여기까지 오니, 시인이 왜 성탄 전야에 이 3편의 시를 썼는지 알 만하다. 시인은 자신의 신앙을 기초로 하여, 시대적 삶과 존재론적 삶 그리고 일상적 삶에 대한 생각을 시로 써서 정리해 두었던 것이다. 참된 신앙에서 우러나온 놀라운 균형감각이 아닐 수 없다.

이제, 이 3편의 시는 시인이 앞날을 올곧게 지켜 주리라. 솥을 지탱하는 세 발처럼, 시인의 삶을 튼튼히 떠받쳐 주리라. 시인은 자신의 마음 깊은 곳에, 신앙의 '심지(心志)'를 단단히 심어둔 것이다.

3 역사 歷史

윤동주는 1935년 9월, 은진중학교 4학년 1학기를 마치고 평양의 숭실중학교 3학년으로 편입한다. 그리하여 그해 10월에는 학교 교지인 『숭실활천(崇實活泉)』 15호에 시 「공상(空想)」을 발표하기도 한다. 그러나 윤동주가 숭실중학교에 다닌 것은 겨우 한 학기에 불과했다. 소위 '신사참배(神祀參拜)' 문제로 다음 해 3월 자퇴했기 때문이다.

『숭실활천(崇實活泉)』

미국 북장로교의 선교사 베어드(W. M. Baird, 배위량-裵緯良)는 1897년 10월 평양에 부임하여 사랑방학교를 개설했는데, 이것이 숭실학교의 개교였다.[24] 처음에는 초등학교 수준의 교육으로 시작하다가, 이듬해 중등 교육반으로 확대 개편하였다. "진실을 숭상한다"는 뜻을 지닌 '숭실(崇實)'이라는 교명은 1901년 사랑방에서 한옥 교사로 이전하면서 지어졌다.[25] 민족교육을 표방한 정규교과목은 없었으나, 교사들은 수업 중에 여러 가지 방법으로 학생들에게 민족의식을 고취시켰다.[26]

일제는 1931년 만주사변을 일으킨 이후, 사상적 통일을 이루기 위해 각종 행사를 개최하고 신사참배를 강요하기 시작하였다. 하지만 그에 대한 저항도 거세게 일어났다. 일제는 1932년 9월, 평양시역에서 '만주사변 1주년 기념 전몰자 위령제'를 개최했는데, 10개의 기독교계 학교가 이 행사에 불참하였다. 그러다가 결국, '평양 기독교계 사립학교장 신사참배 거부사건'이 일어나게 된다.[27]

윤동주가 숭실중학에 다니고 있을 당시인 1935년 11월 14일, 평양 시내 사립중등학교장 회의가 소집되었다. 회의 개시 벽두에 야스다께(安武) 평남지사는 학교장들에게 평양신사 참배를 요구하였다. 그러나, 당시 숭실중학의 맥큔(G. S. McCune, 윤산온-尹山溫) 교장은 이를 거부하였다. 학생들 역시 일제의 신사참배 강요에 저항하였다. 12월 4일, 소위 '소화천황(昭和天皇) 차남(次男) 명명식(命名式)' 축하행사 때, 숭실중학 학생들은 신사참배를 거부하고 자의로 해산하였다.[28]

다음 해인 1936년 1월, 맥큔 선교사의 교장 인가가 취소되고, 2월에 학생들은 동맹휴교에 들어갔다. 결국 3월 21일, 맥큔 교장은 미국으로 추방되는데, 이는 사실상 학교의 폐쇄를 의미하는 것이었다. "각 지역에서 교회나 노회의 추천을 받아 숭실에서 수학하던 학생들도 학업을 중단하고 낙향하는 상황이었다. 윤동주는 그러한 학생의 한 사람이었다."[29)]

숭실중학시절의 윤동주

윤동주는 그의 학창생활 중 가장 예민한 나이에 '역사(歷史)'를 만났던 것이다. 처음으로 집과 고향을 떠나 유학하던 학교가 일제의 탄압으로 폐쇄되어 가는 과정을 직접 겪었던 것이다. 「가슴 1」(1935. 3. 25)은 이즈음 시인의 마음이 어떠했는지를 잘 보여주고 있다.

소리 없는 북
답답하면 주먹으로

뚜드려 보오.

그래 봐도

후—

가—는 한숨보다 못하오.

이 시의 말미에는 '1936. 3. 25. 평양(平壤)서'라고, 시를 쓴 날짜와 장소가 적혀 있다. 3월 25일이면 아마도, 윤동주가 숭실중학을 자퇴하고 다시 용정으로 돌아오기 직전일 것이다. 꽉 막힌 가슴을 주먹으로 두드리다 못해, '후—'하고 가는 한숨을 길게 내쉬는, 울분으로 가득 찬 시인의 마음이 그대로 전해져 온다.

용정으로 돌아온 윤동주는 광명학원 중학부 4학년에 편입한다. 그러나 당시 광명중학은 일제가 경영하던 학교였으니, 시인은 연속해서 역사적 질곡을 견뎌내야만 했다.

광명중학의 전신은 1910년대 초에 시작된 영신(永新)학교로서, "장로교 노회에 소속되어 한인 기독교인들의 손으로 운영되어 가던 학교였다."[30] 영신학교는 함북노회(咸北老會)와 용정중앙교회 등의 지원으로 교운이 트이기도 했으나, 1924년의 '갑자대흉년'으로 인해 극심한 경영난에 봉착하게 된다. 그러다가 '이전등기위조사건'을 겪는 등의 우여곡절

끝에, 결국 1925년 4월 일본인 히다카(日高丙子郎)의 손으로 넘어가고 만다.[31]

1934년 11월, 히다카는 전부터 그가 이끌어오던 '광명회'를 '재단법인 광명학원'으로 만들고, 그의 관할 밑에 있던 학교를 여기에 귀속시켰다. 그리하여 영신학교는 광명학원 중학부가 된다. 1935년 1월, 광명학원 중학부는 일본 외무성과 문부성의 해외지정학교가 되고, 1937년 11월에는 만주국 정부 지정 공립학교가 된다.[32]

평양에서 숭실중학을 함께 다니고 용정으로 돌아와 광명중학에 함께 편입한 문익환은 이때 그들의 처지를 "솥에서 뛰어내려 숯불에 내려앉은 격이었다."[33]고 표현했다. "일인

일본간도총영사관

(日人) 선생(先生)들은 눈알이 제대로 박힌 학생들이면 일본 외무성 순사나 만주 육군사관학교에 보내려고 혈안이 되어 있는 그런 학교였다."[34]는 것이다.

신사참배 문제로 인해 평양 숭실중학을 자퇴하고 용정으로 돌아왔으나, 시대적 어둠은 더욱 짙어지고 있었던 것이다. 고향에 돌아와서까지 일제의 신민을 키우는 광명중학을 다녀야 했던 시인의 마음은 대체 어떤 것이었을까? 앞서 「가슴 1」에서 읽어본 답답한 마음이 더욱 가중되었으리라. 「가슴 3」(1936. 7. 24)을 읽어 보자.

불 꺼진 화독을
안고 도는 겨울밤은 깊었다.

재(灰)만 남은 가슴이
문풍지 소리에 떤다.

제1연의 '불 꺼진 화독'은 제2연의 '재만 남은 가슴'과 병치되어 있다. '불 꺼진 화독'은 '재만 남은 가슴'이 외화(外化)된 것이다. 그러니까 시인이 깊은 겨울밤 '불 꺼진 화독'을 안고 도는 것은 겨울밤 내내 자신의 가슴을 안고 도는 것이다. 즉 고뇌에 고뇌를 거듭하고 있는 것이다.

시인의 가슴은 이미 '불 꺼진 화독' 처럼 '재만 남은 가슴' 이다. 시인은 암울한 현실상황 속에서 시대적 고뇌로 타들어 가고 있는 자신의 내면을 이처럼 적나라하게 드러낸다. 아니, 타들어가다 못해 마침내 재만 남은, 그래서 더 탈 것도 없는 극단의 지경에까지 다다른 그런 마음을 더없이 처절하게 보여준다.

그러고는 그렇게 "재(灰)만 남은 가슴이 / 문풍지 소리에 떤다." 고 시인은 말한다. 겨울밤 내내 외풍에 떨고 있는 문풍지 소리 역시 시인의 내면이 청각적으로 외화된 것이다. 아, 문풍지 소리에 떠는 시인의 가슴이라니! 이것은 재만 남은 가슴에서 다시 일고 있는 극한적 고뇌의 무서운 표현이다.

이처럼 이 시는 타들어가고 또 타들어가서 마침내 재만 남은 시인의 가슴을 보여주고, 시인의 가슴이 '문풍지 소리' 와 함께 떠는 소리를 들려준다. 아니, 이 시는 '재만 남은' 시인의 가슴이 '문풍지 소리' 에 떠는 소리 그 자체이다. 아아, 시인의 가슴이여……

시인에게 시대적 현실이 내면화되는 모습은 이러하였다. 시인은 시대적 어둠과 결코 타협하지 않았다. 피상적 고민이나 손쉬운 자기 합리화를 스스로 허락하지 않았다. 인간의 머리에서 나온 어떤 사상에도 기대지 않았고, 당시 유행하던 어떤 주의에도 휩쓸리지 않았다.

시인은 다만, 암울한 시대적 현실을 가슴 깊이 묻어두고 또 묻어두었다. 가슴이 다 타서 재가 되도록, 고뇌에 고뇌를 거듭했다. 재만 남아 떠는 가슴을 안고 돌면서, 시대적 어둠을 삭여내고 또 삭여냈다. 하늘이 낸 시인이 아니고는, 이럴 수 없다!

시인은 이처럼, 아직 성년도 되지 않은 나이에, 한갓 시늉이 아닌 진정한 고뇌가 어떤 것인지를 보여준다. 그 고뇌의 진정성 위에서, 시인은 역사의 질곡을 벗어나 진실을 찾아 나서고자 한다. 「한란계(寒暖計)」(1937. 7. 1)를 읽어 보자.

싸늘한 대리석(大理石) 기둥에 모가지를 비틀어 맨 한란계(寒暖計)
문득 들여다볼 수 있는 운명(運命)한 오척(五尺) 육촌(六寸)의 허리 가는 수은주(水銀柱)
마음은 유리관(琉璃管)보다 맑소이다.

혈관(血管)이 단조(單調)로워 신경질(神經質)인 여론동물(輿論動物)
가끔 분수(噴水) 같은 냉(冷)침을 억지로 삼키기에
정력(精力)을 낭비(浪費)합니다.

영하(零下)로 손가락질할 수돌네 방(房)처럼 추운 겨울보다
해바라기가 만발(滿發)할 팔월(八月) 교정(校庭)이 이상(理想)곱

소이다.

피 끓을 그날이—

어제는 막 소낙비가 퍼붓더니 오늘은 좋은 날씨올시다.

동저고리 바람에 언덕으로, 숲으로 하시구려—

이렇게 가만가만 혼자서 귓속 이야기를 하였습니다.

나는 또 내가 모르는 사이에—

나는 아마도 진실(眞實)한 세기(世紀)의 계절(季節)을 따라

하늘만 보이는 울타리 안을 뛰쳐

역사(歷史) 같은 포지션을 지켜야 봅니다.

시인은 자신의 모습을 '한란계(寒暖計)'에 겹쳐 보고 있다. 아마도 시인은 등하굣길에 학교출입구 기둥에 설치된 한란계를 보고,[35] 문득 자신의 처지를 생각했으리라. "싸늘한 대리석(大理石) 기둥에 모가지를 비틀어 맨 한란계(寒暖計)"는 일제가 경영하는 광명중학의 학교생활에 얽매여 있는 시인 자신과도 같다.

하지만, 시인이 자신을 '한란계'와 전적으로 동일시하고 있는 것은 아니다. 이 시의 후반부로 갈수록, 시인은 오히려 '한란계'의 처지에서 벗어나려는 의지를 보여주고 있기 때문

이다. 즉 학교의 '울타리 안'을 뛰쳐나가고자 하는 것이다.

시인은 '한란계'를 통해, '유리관(琉璃管)'보다도 맑은 자신의 마음을 들여다본다. 한란계는 "가끔 분수(噴水) 같은 냉(冷)침을 억지로 삼키기에 / 정력(精力)을 낭비(浪費)"하고 있다. 한란계의 이러한 모습은 억압적인 현실상황을 그대로 수용할 수 없다는 시인의 생각이 투영된 것이다.

시인의 마음은 "수돌네 방(房)처럼 추운 겨울"과 같은 학교보다, "해바라기가 만발(滿發)할 팔월(八月) 교정(校庭)"을 이상적(理想的)인 것으로 그려보고 있다. '피 끓을 그날'을 기다리고 있는 것이다. 현실적 억압의 차가움에 대해, 앞으로 다가올 자유와 해방의 뜨거운 함성을 기다리고 있는 것이다.

시인은 문득 '좋은 날씨'를 느끼며, "동저고리 바람에 언덕으로, 숲으로" 산책을 하고자 한다. 시인은 "가만가만 혼자서 귓속 이야기"를 하면서, 자기 자신에게 자연 속으로 걷기를 권하는 것이다. 시인의 산책은 '냉(冷)침'을 삼켜야만 하는 현실의 답답함을 해소하기 위해 저절로 형성된 하나의 일과와도 같다.

'소낙비'가 퍼부은 뒤에 자연이 베풀어 준 '좋은 날씨' 속의 산책은 시인에게 "하늘만 보이는 울타리 안을 뛰쳐" 나가는 것, 즉 억압적인 학교생활에서 벗어나는 것을 의미한다. 뿐만이 아니다. 시인의 산책은 "진실(眞實)한 세기(世紀)의 계절(季節)을 따라" 이어지고, "역사(歷史) 같은 포지션을 지" 키려는 마음의 길을 따라 계속된다.

여기에 와서, 자연 속의 계절은 '세기(世紀)의 계절(季節)' 이 되고, 자연 속을 산책하는 것은 역사 속을 걷는 것이 된다. 시인이 걸어야 할 길은 역사적 '진실(眞實)' 을 향한 길이다. 시인은 허위로 점철되고 있는 어둠의 시대를 만나, 자신이 올곧게 지켜내야 할 역사 속의 '포지션' (position, 위치)을 확인하고 있는 것이다.

시인이 고수하고자 하는 자신의 '위치' 는 어디일까? 그것은 현실 속의 어떤 지점이라기보다는, 시와 신앙 가운데 놓인 어떤 지점이리라. 은진중학 시절, 시인은 이미 마음 깊이 신앙의 심지를 심고, 그것을 시로 써두지 않았던가? 날로 어두

용정시

워가기만 하는 비역사적 시대에, 역사적 진실을 위한 자기 내면의 '위치'를 흔들림 없이 지켜내는 것, 그것은 오직 시와 신앙의 길 위에서만 가능한 것이리라.

4 성년 成年

윤동주는 1938년 4월 9일, 연희전문학교에 입학한다. 그의 나이 만 스무 살, 이제 막 성인(成人)이 된 그런 때였다. 그야말로 청운의 뜻을 품고 서울로 유학을 온 것이다.

연희전문학교는 1915년 3월 15일 원두우(H. G. Underwood)

언더우드상

가[36] 설립한 경신학당 대학부에서 비롯된다. 윤동주가 입학하던 당시에는 원두우의 아들인 원한경(H. H. Underwood)이 교장으로 재직하고 있었다.

연희전문학교는 이처럼 외국인이 운영하고 있었던 까닭에, 일제의 탄압 정책으로부터 일정 정도 거리를 유지하면서, 다른 학교들에 비해 자유로운 학풍을 유지할 수 있었다. 우수한 교수들을 초빙하여 동서양의 학문을 흡수하는 동시에, 한국의 언어와 역사를 가르치는 민족교육도 상당한 수준에서 실시할 수 있었던 것이다.

이 점, 시인 자신이 후배에게 전한 "무궁화가 캠퍼스에 만발했고, 도처에 우리 국기의 상징인 태극 마아크가 새겨져 있"[37]는 학교라는 말에서 단적으로 드러난다. "학교의 분위기가 민족적인 정서를 살리기에 가장 알맞은 배움터"[38]였다는 것이다.

실제로 시인은 연희전문에 입학하여 좋은 스승들을 만나게 된다. 시인의 아우인 윤일주에 따르면, 시인은 방학 때 고향에 돌아와 최현배 선생과 이양하 선생의 이야기를 많이 했다고 한다. 또 시인의 서가에는 많은 책들이 있었는데, "가장 무게 있는 책으로서 좋은 자리에 꽂혀 있는 책은 최현배 선생의 『우리말본』이었다"[39]고 한다.

용정의 광명중학에서 "냉(冷)침을 억지로 삼키"(「한란계(寒暖

計)」)던 시인에게, 연희전문은 실로 가슴 벅찬 꿈을 안겨주는 그런 학교였던 것이다. 시인은 이제, 밝은 마음으로 새로운 희망을 노래한다. 연희전문 입학 직후에 쓴 「새로운 길」(1038. 5. 10)을 읽어 보자.

『우리말본』(출처-노마드북).

내를 건너서 숲으로
고개를 넘어서 마을로

어제도 가고 오늘도 갈
나의 길 새로운 길

민들레가 피고 까치가 날고
아가씨가 지나고 바람이 일고

나의 길은 언제나 새로운 길
오늘도…… 내일도……

내를 건너서 숲으로

고개를 넘어서 마을로

시인의 발걸음이 사뭇 가볍게 느껴진다. 시의 분위기가 시인이 갓 입학한 연희전문학교의 교정만큼이나 밝다. 시인은 아마도 화창한 어느 봄날, 학교 주위의 길을 산책하며 이 시의 착상을 얻었으리라.

시인이 가는 길에는 "민들레가 피고 까치가 날고 / 아가씨가 지나고 바람이" 인다. '민들레' 와 '까치' 와 '아가씨' 와 '바람' 은 그들끼리 마주 보고 손짓하면서, 시인의 가벼운 발걸음에 리듬을 맞춰 호응해 준다. 그리하여 시인의 마음은 한 점 티끌도 없이 맑아지는 것이다.

그러니까 지금, '민들레' 와 '까치' 와 '아가씨' 와 '바람' 은 시인에게 '나' 의 진정한 모습이 어떠해야 하는지를 투명하게 일러주고 있는 것이다. '나' 가 어떻게 살아가야 하는지, 무엇을 추구해야 하는지를 그 어떤 윤리 교과서보다 더욱 명징하게 말해 주고 있는 것이다.

아니 어쩌면, 한껏 고양된 시인의 마음이 밖으로 나와 '민들레' 가 되고 '까치' 가 되고 '아가씨' 가 되고 '바람' 이 되었으리라. 시인은 이들과 함께 밝은 미래로 나 있는 희망의 길을 걷는다. '숲' 과 '마을' 을 향하여, 사랑과 평화가 넘치는 이상향을 바라고 나아간다. 형언할 수 없는 그리움에 사로잡혀, 내를 건너고 고개를 넘어 미지의 세계를 찾아 걸어간다. 그래서 "나의 길은 언제나 새로운 길"이 되는 것이다.

읽으면 읽을수록 맑고 밝은 희망이 느껴지는 시이다. 청춘의 미래를 이보다 더 아름답게 노래할 수 있을까? 이 시는 싱

윤동주 시비(경기도 이천시 설봉공원)-「새로운 길」

그러운 생명감각으로 꿈의 이상향을 향해 나아가는 한 청년 시인의 새로운 탄생을 보여준다. 이제, 시인의 길은 곧 시의 길이 되리라.

아, 그러나 안타깝게도, 이러한 밝은 분위기는 오래 이어지지 못하였다. 시시각각 조여드는 일제의 압박으로 시인은 「새로운 길」의 희망을 더는 노래할 수 없게 된 것이다. 시인은 다시금, 슬픈 민족적 현실과 마주치지 않을 수 없었던 것이다.

1936년 8월, 전쟁 확대론자였던 미나미(南次郎)가 조선 총독으로 취임하면서, 일제는 한국을 전시동원체제로 바꾸는 정책을 실시한다. 그리고 이러한 정책은 1937년 7월, 중일전쟁이 발발하면서 더 한층 강화되어 한국(조선) 민족 말살정책으로까지 나아간다.[40]

일제는 1937년 10월 1일, 소위 '황국신민서사(皇國臣民誓詞)'라는 것을 제정하고 이를 외울 것을 강요하였다. 그리고 윤동주가 연희전문에 입학하던 1938년부터는 중학교에서 한국어 과목을 사실상 폐지하였다. 당시 국어라고 부르던 일본어 사용을 강요하면서 한국어 말살 정책에 들어간 것이다. 또 그해 7월에는 '국민정신총동원조선연맹'을 창립하였다.

이처럼 절박한 위기를 만나, 시인은 민족의 슬픔을 노래하게 된다. 연희전문 1학년 2학기에 접어드는 무렵에 쓴 「슬픈 족속(族屬)」(1938. 9)을 읽어 보자.

흰 수건이 검은 머리를 두르고
흰 고무신이 거친 발에 걸리우다.

흰 저고리 치마가 슬픈 몸집을 가리고,
흰 띠가 가는 허리를 질끈 동이다.

'슬픈 족속(族屬)'은 백의민족(白衣民族)이다. '흰 수건', '흰 고무신', '흰 저고리 치마', '흰 띠'로 에워싸인 이 여인의 모습은 백의민족의 지극한 슬픔을 환유적으로 드러낸다.[41)]

여인의 '거친 발'은 민족이 놓인 현실의 척박함을 말해준다. 고달픈 나날의 삶에서 오는 말 못할 서러움은 여인의 온몸에 가득 배어 있다. 여인의 '슬픈 몸집'은 민족적 슬픔이 가시적으로 포착된, 육화(肉化)의 절정이다.

그 지극한 슬픔 속에서도, 백의민족은 흰옷을 입는다. 흰빛은 맑고 순결하다. 그리고 높고 신성하다. 흰옷을 즐겨 입는 것은 하느님의 자손으로서 지니고 있는 광명을 표시하는 것이다. 흰빛은 사람을 하늘과 이어주는 빛이며, 백의민족이란 하늘의 질서를 지상에 실현하려는 사람들이다.

그래서 백의민족의 슬픔은 하늘에까지 사무친다. 하늘에

윤동주 시비(서울 종로구 부암동)-「슬픈 족속」

까지 사무쳐, 티 없이 맑고 깨끗한 슬픔이 된다. 이렇게 정화된 슬픔은 그 자체로 힘이 된다.

시인의 시선은 여인의 머리에서 발로, 그리고 몸의 중심인 허리로 이동한다. 그리하여 마침내, 가는 허리를 '질끈' 동인 여인의 모습을, 슬픔을 딛고 일어선 여인 특유의 강인성을 아름답게 포착해 낸다. 특히 '질끈' 이라는 부사어는 '슬픈 몸집' 에 역동적인 기운을 불어넣는다. 슬픔이 힘으로 전환되는, 참으로 놀라운 광경이 아닐 수 없다.

시인은 이와 같이, 「슬픈 족속(族屬)」에서 민족의 슬픔과 그 슬픔의 힘을 노래하였다. 그러나 그 이후 한 해 동안, 시인은 시를 쓰지 못한다. 민족의 슬픔을 안고, 침묵 속으로 들어간 것이다.

시인의 침묵은 다음 해 9월이 되기까지, 그러니까 연희전문학교 2학년 2학기에 이르기까지 계속된다. 긴 침묵 동안, 시인은 무엇을 하고 있었던 것일까? 이제, 그 침묵을 깨뜨리고 나온 「자화상(自畵像)」(1939. 9)을 읽어 보자.

산모퉁이를 돌아 논가 외딴 우물을 홀로 찾아가선 가만히 들여다봅니다.

우물 속에는 달이 밝고 구름이 흐르고 하늘이 펼치고 파아란 바람이 불고 가을이 있습니다.

그리고 한 사나이가 있습니다.
어쩐지 그 사나이가 미워져 돌아갑니다.

돌아가다 생각하니 그 사나이가 가엾어집니다. 도로 가 들여다보니 사나이는 그대로 있습니다.

다시 그 사나이가 미워져 돌아갑니다.
돌아가다 생각하니 그 사나이가 그리워집니다.

우물 속에는 달이 밝고 구름이 흐르고 하늘이 펼치고 파아란
바람이 불고 가을이 있고 추억(追憶)처럼 사나이가 있습니다.

「자화상(自畵像)」은 제목 그대로 시인이 자기 자신을 그려 낸 작품이다. 그런 까닭에, 이 시의 화자는 바로 시인 자신이다. 이 시의 화자를 편의상 '나'라고 부르기로 하자.

'나'는 우물 속에 비친 자신을 '한 사나이'라고 부른다. 우물 속의 '사나이'는 '나'가 스스로 그려 오던 어떤 이상적 존재가 아니기 때문이다. 그렇다고 해서, '나'와 별개의 존재인가 하면 그렇지도 않다. 나이는 성년에 이르렀으되, 엄정한 의미에서는 아직 성숙하지 못한 나인 것이다. 그래서 '나'는 '사나이'가 미워지고, 가엾어지고, 또 그리워지는 것이다.

시인의 자아는 왜 이렇게 분열되었을까? 성년이 되어서, 타락한 세계를 만났기 때문이다. 타락한 세계가 침투하여, 자아 내부에 균열을 일으킨 까닭이다. 게다가 그 타락한 세계란 것이 시인에게 크나큰 민족적 슬픔을 안겨주는 어둠의 세계가 아닌가?

세상도 시인을 받아주지 않고, 시인도 세상을 받아들일 수 없는 것이다. 그래서 '나'는 "산모퉁이를 돌아 논가 외딴 우물을 홀로 찾아가"는 것이다. 찾아가서, 우물 속을 "가만히

들여다" 보는 것이다. '나'의 내면 저 깊은 곳을……

우물 속에는 '달'과 '구름'과 '하늘'과 '바람'과 '가을'이 있다. "그리고 한 사나이가 있"다. '사나이'는 아름다운 자연 풍경들로 에워싸여 있지만, 그 풍경들과 잘 어울려 보이지 않는다. 그래서 '나'는 '사나이'가 미워져 돌아간다.

이 '미움'은 어디서 오는 것일까? 그것은 근원적으로, 세상과 화해하지 못하는 '나'의 현실에 연유한다. 이 시의 배면에는, 당시의 척박한 민족현실이 짙게 깔려 있는 것이다. 이런 의미에서, 우물 속의 '사나이'는 고통받는 민족을 위해 아무런 역할도 하지 못하고 있는 '나'의 투영이기도 하다.

"돌아가다 생각하니 그 사나이가 가엾어"진다. 우물 속에 남아 있는 '사나이'는 어디까지나 '나'의 분신이기 때문이다. '나'가 이 세상과 분리된 탓에, '사나이'는 외계와의 조화로운 일치에 연연해하며, 우물 속에, '나'의 내면 깊은 곳에 그대로 남아 있는 것이다.

'나'는 무엇보다, 이 점을 잘 알고 있다. 우물 속의 '사나이'가 가엾어지는 것은 스스로에 대한 연민인 것이다. 그래서 '나'는 우물 속의 '사나이'를 쉽게 떠날 수가 없는 것이다.

그래서 "도로 가 들여다보니 사나이는 그대로 있"다. 하지만 "다시 그 사나이가 미워져 돌아"간다. '사나이'에게 머물 수도 없고 사나이를 떠날 수도 없는 '나', 그 마음의 갈등이

역력히 드러나는 대목이다.

"돌아가다 생각하니", 이번에는 "그 사나이가 그리워" 진다. 아, 이제 '나'는 '사나이'로부터 벗어날 수 있으리라. 아니, '나'는 가슴 깊이 '사나이'를 품어 안고, 앞으로 나아갈 수 있으리라. '사나이'는 이제, 시인의 마음에 소중한 '추억(追憶)'으로 간직된다.

'달'과 '구름'과 '하늘'과 '바람'과 '가을'이 있는, 그런 아름다운 세계와 어울리려는 '사나이'의 모습은 자연 속에서 뛰놀던 시인의 소년 시절을 떠오르게 한다. 다름 아니라, 우물 속의 '사나이'는 자아와 세계가 합일되었던 어린 시절의 잔영(殘影)이 스며들어 있는 '나', 그래서 어둠의 시대에 과감히 맞서지 못하는 미성숙한 '나'였던 것이다.

'사나이'는 이제, 우물 속에, '나'의 가슴 속에, '달'과 '구름'과 '하늘'과 '바람'과 '가을'과 함께, '추억(追憶)처럼' 남아 있다. 추억은 희망이다. 추억도 그리움이요, 희망도 그리움이기 때문이다. 시인은 '그리움'을 매개로, '사나이'를 '나'에게 온전히 통합시킨다.

이렇게 해서, 시인은 진정한 의미의 성인이 된다. 지난 1년 동안의 침묵은 어둠의 시대 속에서 자아를 정립하기 위한 침묵이었던 것이다. 아, 그 1년 동안, 시인은 우물을 찾아가고 떠나기를 얼마나 자주 되풀이했을까? 그 침묵의 언어가, 침묵 속의 갈등과 번민이 우리의 마음을 아프게 한다.

이토록 지난한 성숙과정 끝에, 시인은 「자화상(自畵像)」을 썼다. 이로써, 성인이 되는 통과의례를 마친 것이다. '나'는 이제, 가슴 깊이 그리움(추억)을 품고 살아가리라. 마음 가득 그리움(희망)을 안고 나아가리라.

5 시련 試鍊

윤동주는 연희전문에 입학해서 1학년 때와 3학년 때 기숙사에서 생활하였고, 2학년 때와 4학년 때는 주로 학교 밖에서 하숙생활을 하였다.[12] 그는 1학년 때의 기숙사 생활 중에, 「달을 쏘다」라는 제목으로 수필을 썼다. 창밖의 환한 달빛에

연희전문 기숙사

이끌려 기숙사 밖으로 뛰쳐나와, 그 주변을 거닐면서 깊은 상념에 젖어든다는 이야기이다.

이 수필의 끝부분에 이르러, 시인은 나뭇가지로 활을 만들어 "무사(武士)의 마음을 먹고 달을"[43] 쏜다. 시인은 이 수필을 통해, 나약하고 유치한 감상을 극복하려는 자신의 의지를 강렬히 드러내 보인 것이다. 기실, 앞서 읽은 「자화상(自畵像)」은 그 발상이 이 수필에서 시작되었다고 해도 과언이 아니다.

하지만, 시인은 그렇게 「자화상(自畵像)」을 써 놓고, 다시 1년 3개월에 걸친 긴 침묵으로 들어간다. 이 두 번째 침묵은 시인에게 더 큰 시련이 닥쳐왔음을 말해주는 것이다. 그것은 시인 홀로 광야에 내던져진 참으로 가혹한 시련이었다.

윤동주 기념관(기숙사 건물)

일제는 1939년 11월 창씨개명령을 공포하고, 1940년 2월부터 시행에 들어간다. 1940년 8월에는 『동아일보』와 『조선일보』를 폐간시킨다. 1941년 3월부터는 한국어(조선어) 교육을 전면 금지시키고, 그해 4월에는 문학잡지인 『문장』과 『인문평론』을 폐간시킨다.

이러한 시대적 어둠은 시인의 내면에 크나큰 파장을 불러일으켰다. 극심한 고통과 절망 속에서, 급기야 신앙에 대한 회의까지 갖게 된 것이다. 아니, 신앙에 대한 회의라니? 모태신앙으로 유아세례를 받았던 시인, 청소년기에 이미 희생양의 이미지를 빌어 우수한 시를 썼던 시인이 아니었나?

윤동주 시비(기숙사 앞) 「서시」

그렇다. 그랬던 시인이 그만, "그가 몸소 겪고 있던 그 처참하고 치욕적인 시대상황에 절망"[44] 했고, 그 결과 자신의 신앙에까지 의문을 품게 되었던 것이다. 아, 칠흑보다 더 짙은 시대의 어둠이여……

그러나 시인은 긴 침묵 끝에, 간신히 몸을 추스른다. 다시금 마음을 다잡고 시를 쓰기 시작한다. 1940년 12월, 연희전문학교 3학년 2학기가 끝나가는 시기에, 그 깊은 절망 속에서 3편의 시가 나왔다. 「위로(慰勞)」, 「팔복(八福)」, 「병원(病院)」이 그것이다.

먼저 「위로(慰勞)」(1940. 12. 3)를 읽어 보자. "옥외요양(屋外療養)을 받는 젊은 사나이"가 거미줄에 "자꾸 감기우기만 하는 나비"를 보고 있다. 이 '나비'는 일제의 압박에 옥죄어가는 민족공동체의 은유이다. "거미가 쏜살같이 가더니 끝없는 끝없는 실을 뽑아 나비의 온 몸을 감아버"리는 것을 보고, 사나이는 '긴 한숨'을 쉰다.

시인은 "나이(歲)보다 무수한 고생 끝에 때를 잃고 병(病)을 얻은 이 사나이를 위로한 말이 — 거미줄을 헝클어 버리는 것밖에 위로(慰勞)의 말이 없었다." 하는 말로 이 시를 마무리한다. 거미줄을 헝클어 버리는 것 말고, 고쳐 말해 일제를 물러가게 하는 것 말고, 달리 무슨 구원의 여지가 있단 말인가? 그런데 왜 하늘은 침묵하고 있는가?

'사나이'의 '병(病)'은 다름 아닌 시인의 병이다. 시인의 병은 극단에까지 다다라, 급기야 성경의 구절까지 바꾸어 쓰게 된다. 「팔복(八福)」(1940. 12)을 읽어 보자.

슬퍼하는 자는 복이 있나니
슬퍼하는 자는 복이 있나니
슬퍼하는 자는 복이 있나니
슬퍼하는 자는 복이 있나니
슬퍼하는 자는 복이 있나니
슬퍼하는 자는 복이 있나니
슬퍼하는 자는 복이 있나니
슬퍼하는 자는 복이 있나니

저희가 영원(永遠)히 슬플 것이오.

이 시에는 '마태 복음(福音) 5장(五章) 3—12'라는 부제가 붙어 있다. 「팔복(八福)」은 성경에서 말하는 '팔복(八福)'의 패러디인 것이다. 시인은 이제, "저희가 위로함을 받을 것이오." 하는 성경의 말씀을, 그 하늘의 언어를 지운다.

지우고, 고쳐 쓴다. "저희가 영원(永遠)히 슬플 것이오." 하는 자신의 말로, 지상의 언어로 바꾸어 쓴다. 시인의 깊은 슬픔, 그 지극한 슬픔은 마침내 '영원한 슬픔'이 되고 말았는가? 아, 깊이 모를 탄식이여……

시인의 절망은 대체 얼마나 깊은 것일까? 그 어두운 심연의 깊이를 무엇으로 잴 수 있을까? 시인과 함께, 이 시를 읽는 우리도 아득한 절망의 심연으로 가라앉는다.

그러나 절망은 희망이다. 우리는 앞에서 추억은 곧 희망이라고 썼다. 이제, 절망은 곧 희망이라고 써야 한다. 시인을 따라, 그렇게 써야만 한다.

절망의 깊이는 희망의 높이에 비례한다. 시인의 희망이 높고 높은 까닭에 시인의 절망도 깊고 깊은 것이다. 그러기에 다시, 희망의 높이는 절망의 깊이에 비례한다.

애당초 신앙이 없다면, 신앙에 대한 회의도 있을 수 없으리라. 시인이 이토록 깊은 회의에 빠졌다는 것은 시인의 마음 더욱 깊은 곳에 신앙의 씨앗이 살아 있다는 증거이다. 그렇지 않은가? 이제, 「병원(病院)」(1940. 12)을 읽어 보자.

살구나무 그늘로 얼굴을 가리고, 병원(病院) 뒤뜰에 누워, 젊은 여자(女子)가 흰옷 아래로 하얀 다리를 드러내 놓고 일광욕(日光浴)을 한다. 한나절이 기울도록 가슴을 앓는다는 이 여자(女子)를 찾아오는 이, 나비 한 마리도 없다. 슬프지도 않은 살구나무 가지에는 바람조차 없다.

나도 모를 아픔을 오래 참다 처음으로 이곳에 찾아왔다. 그러나 나의 늙은 의사는 젊은이의 병(病)을 모른다. 나한테는 병(病)이 없다고 한다. 이 지나친 시련(試鍊), 이 지나친 피로(疲

勞), 나는 성내서는 안 된다.

여자(女子)는 자리에서 일어나 옷깃을 여미고 화단(花壇)에서 금잔화(金盞花) 한 포기를 따 가슴에 꽂고 병실(病室) 안으로 사라진다. 나는 그 여자(女子)의 건강(健康)이 — 아니 내 건강(健康)도 속(速)히 회복(回復)되기를 바라며 그가 누웠던 자리에 누워 본다.

'나'는 "나도 모를 아픔을 오래 참다" 병원에 찾아왔다. 그러나 '나'의 '늙은 의사'는 "나한테는 병이 없다고" 한다. 이 '늙은 의사', '젊은이의 병'을 모르는 '늙은 의사'는 누구인가?

'늙은 의사'는 무사안일의 타성에 젖은 기성세대이다. 교수일 수도 있고, 목사일 수도 있고, 문인일 수도 있다. 시인은 그들을 찾았으나, 그들에게서 아무런 희망도 발견할 수 없었던 것이다. 그들이야말로 진짜 환자들이었기 때문이다.

1940년 3월 중국 남경(南京)에는 일본의 꼭두각시 정부인 '신국민정부'가 들어서고, 그해 6월에는 독일군이 파리를 점령한다. 이런 시국으로 인해, 당시 한국의 지식인들은 큰 혼란 속에서 심각한 위기를 만나게 된다. 그리하여 어찌할 수 없는 무력감 속에 무사안일의 타성에 빠지거나, 소위 '황국신민화(皇國臣民化)'라는 일제의 정책에 동조하는 모습까지 보이게 되는 것이다.

시인은 이 시에서, 당시 지식계의 그런 모습을 '늙은 의사'라는 한 마디로 매섭게 비판한다. 특히, 기성세대가 젊은이들의 '아픔'을 알아주지 않는다는 것이다. 시인은 실제로, 이즈음 쓴 수필 「화원(花園)에 꽃이 핀다」에서, 그렇게 고통받는 젊은이들을 "광야(曠野)로 내쫓아 버려야 하"[45]느냐고 항의하고 있다.

이 수필의 제목에서, '화원(花園)'은 연희전문학교 문과 학생들의 모임인 '문우회(文友會)'를, '꽃'은 '문우회'에서 발간하는 『문우(文友)』라는 잡지를 뜻하는 것이다. 그런데 이 『문우(文友)』의 발간을 에워싸고 학생들과 교수들 사이에 의견 충돌이 있었던 듯하다.[46] 교수들은 아마도, 학생들에게 닥쳐올 신변의 위험을 염려하여 이 잡지의 발간을 만류했으리라. 그러나 학생들은 희생을 무릅쓰고라도 잡지를 발간하려고 했던 것이다.

『문우(文友)』는 우여곡절 끝에, 윤동주의 졸업반 때인 1941년 6월이 되어서야 발간된다. 윤동주는 여기에 시 「새로운 길」과 「자화상(自畵像)」을[47] 실었다. 이 잡지에 수록된 논문들은 모두 일본어로 되어 있고, 그 중에는 당시 일제가 추구하던 신체제를 옹호하는 글도 있다. 뿐만 아니라, 권두언과 편

「문우(文友)」

집후기까지도 일본어로 쓰여 있다.

이런 시국이니, 일제 경찰이 늘 학생들을 감시하고 있었음은 말할 나위도 없다. "1937년 10월 17일 밤 12시를 기하여 서대문 경찰서에서는 상과 3학년에 재학하는 임종배, 김창식과 2학년에 재학하는 김규삼을 검거하고 가택 수색을 하여 책과 수지품 및 교과서까지 모두 압수하였다."[48] 문과 학생들의 모임인 문우회도 여러 차례 일제의 사찰 대상이 되었는데, "1938년에 이순복, 김삼불, 송몽규 등은 치안유린죄로 몇 차례 서대문 경찰서에 구속되었다가 석방되었다."[49]

또, 1940년경에는 '독서회'라고 불리는 민족운동이 있었는데, 연희전문 "문과생으로 윤동주, 강처중 등이 이 민족운동에 관계되고 있었다."[50] 연희전문 시절 시인의 친우였던 유영은 "동주 등이 소공동 '헐리웃'이라는 다방에서 친구들과 만나다 일경에 체포되어 연행된 일이 있다고 기억"[51]하고 있다. 시 「병원」의 '나'는 그렇게 광야로 내쫓기는 젊은이들의 아픔을 호소하기 위해 '늙은 의사'를 찾아갔던 것이다.

'늙은 의사'의 오진을 받고 물러나온 '나'는 '지나친 시련' 속에서, '지나친 피로'를 느낀다. 그러나 시인은 "나는 성내서는 안 된다."고 스스로 다짐한다. 지금까지 '오래' 참아왔지만 더 참아야 한다. 끝까지 참아야 한다. 그렇게 인내함으로써, 시인은 "가슴을 앓는다는" '여자(女子)'를 만나지 않았나?

'여자(女子)'는 '나'의 내면이다. '여자'의 가슴앓이는 시인이 앓고 있는 시대적 질병이 육체화된 것이기 때문이다. 시인이 '여자'를 건너다보는 것은 다른 사람을 보는 것이 아니라, 바로 자기 자신을 보는 것, 자기 자신의 내면 깊은 곳을 응시하는 것이다.

'여자'는 고독하다. "이 여자(女子)를 찾아오는 이, 나비 한 마리도 없다." "슬프지도 않은 살구나무 가지에는 바람조차 없다." '늙은 의사'에게서 오진을 받은 시인처럼, 수평적 소통이 철저히 차단된 절대 고독이다.

그러나 '여자'는 '일광욕(日光浴)'을 하고 있지 않은가? '여자'는 놀랍게도, 수직적 소통을 하고 있는 것이다. 아, 시인은 그 동안 마음 저 깊은 곳에서 햇빛을 받고 있었던 것이다.

시인은 광야에 던져진 것이 아니라, 스스로 광야로 뛰쳐나왔던 것이다. 뛰쳐나와, '여자'처럼 "흰옷 아래로 하얀 다리를 드러내 놓고", '일광욕'을 하고 있었던 것이다. 마음 아래의 마음, 부끄럽도록 '하얀' 속마음까지 하느님 앞에 완전히 열어 놓고, 그 순결한 아픔 속에서 간절히 기도하고 있었던 것이다.

광야는 메마른 땅이다. 고통과 절망의 땅이다. 하지만 신비롭게도, 광야는 은총의 땅이다. 고난과 시련 속에, 하느님의 크신 사랑을, 그분의 놀라운 가르침을 숨겨둔 땅이다. 자, 이제 '나'와 '여자'가 결합되는 모습을 보자.

'여자'는 "화단(花壇)에서 금잔화(金盞花) 한 포기를 따 가슴에 꽂고 병실(病室) 안으로 사라진다."[52] '금잔화 한 포기'는 햇빛을 받아 피어난 꽃이다. 하느님이 사랑으로 핀 꽃을 가슴에 꽂는 것, 이것으로써 치유가 시작된다.

'여자'가 병실로 사라지자, '나'는 "그가 누웠던 자리에 누워 본다." '여자'와의 합일이다. '여자'는 '나'의 내면, 내면 중에서도 가장 깊은 내면, 경건한 신앙이 자리하고 있는 그런 내면인 것이다.

'여자'가 누웠던 자리에 누워, '나'도 '여자'처럼 '일광욕'을 한다. '여자'처럼 기도하면서, 나는 "그 여자(女子)의 건강(健康)이 — 아니 내 건강(健康)도 속(速)히 회복(回復)되기를 바"란다. '여자'가 바로 '나'이니까.

메마른 광야에서, 풀 한 포기 없는 황량한 땅에서, 시인은 이토록 간절한 기도를 통해, 자신의 병을 스스로 치유하고 있었다. 시인이 이 시를 쓴 것은 '여자'가 금잔화 한 포기를 따서 가슴에 꽂은 것과 같다.

시인이 겪은 시련은 이러하였다. 시대라는 이름의 병원에서, 시인은 끝까지 그 시련을 견뎌냈다. 그 병원(시대) 안의 수많은 환자들 틈에서, 시인은 그들에게 조금도 휩쓸리지 않았다. 시인의 신앙에 대한 회의는 오히려 더욱 깊은 신앙으로 나아가는 통로였던 것이다.

6 기도 祈禱

1941년 봄, 윤동주는 연희전문학교 4학년이 된다. 이 졸업반 시절, 그는 정병욱과 함께 기숙사를 떠나 종로 누상동에서 하숙생활을 시작한다.

윤동주와 정병욱이 처음 만난 것은 그 1년 전쯤인 1940년 5월이었다. 정병욱의 회고에 따르면, 당시 3학년이던 윤동

윤동주 시인의 언덕(하숙집 인근-서울 종로구 부암동)

주는 "아직 기름 냄새도 채 가시지 않은 조간신문 한 장을 들고"[53], 신입생인 정병욱의 기숙사 방을 방문했다. 『조선일보』 학생란에 정병욱의 글이 실렸는데, 윤동주가 그것을 읽어보고 찾아온 것이다.[54]

이렇게 시작된 두 사람의 우정은 1년 뒤 하숙생활을 같이 할 만큼 깊어진 것이다. 정병욱은 누상동에 있는 소설가 김송 씨의 집에서 하숙하던 시절을 "참으로 알찬 나날"[55]로 기억하고 있다. 그러나 두 사람의 알찬 생활에 '난데없는 횡액'이 닥쳐왔으니, "일본 고등계(지금의 정보과) 형사가 거의 저녁마다 찾아오기 시작"[56]했던 것이다.

> 하숙집 주인이 요시찰 인물인 데다가 그 집에 묵고 있는 학생들이 연희전문학교 문과 학생들이기 때문에 그들의 눈초리는 날이 갈수록 날카로워졌다. 무시로 찾아와서는 서가에 꽂혀있는 책이름을 적어가고, 고리짝을 뒤지고 편지를 빼앗아가는 법석을 떨었다.[57]

일제는 1940년 8월 17일부터, 전시생활체제 강화를 위해 아침 6시 기상, 정오 사이렌에 맞춘 전승기원묵도(戰勝祈願默禱) 등을 강요하기 시작한다. 그해 10월 16일에는 '국민정신총동원연맹'을 '국민총력연맹'으로 개편 조직하여, 소위 '황국신민화(皇國臣民化)' 운동을 더욱 강화한다. 그리고 1941년 3월 1일에 이르면, '조선사상범 예비구금령'을 공포하는 데까지 나아간다.

윤동주와 정병욱이 그들의 하숙방까지 수색을 당하곤 했던 것은 바로 이런 험난한 시국에서였다. 그러나 일제의 이러한 광기 어린 정책은 역으로, 일제가 당시 한국인들이 지닌 강한 민족적 정서에 상당한 불안감을 지니고 있었음을 시사한다. 그리하여 전체 한국인들을 대상으로 민족말살정책을 적극 실시했던 것이다. 그러면서 일제는 "마치 '선도'와 '계몽', 또 '연성(鍊成)'에 의해 한국인을 '진정한 일본국민'으로 '동화'시키는 듯 선전했다."[58)]

하지만 윤동주는 바로 이 시기에 종교적 실존으로 거듭나고 있었다. 일제에 의해 '황국신민'으로 '연성(鍊成)' 되기는커녕, 오히려 하느님 앞의 단독자로서 기도하는 참된 신앙인으로 정련되고 있었던 것이다. 「돌아와 보는 밤」(1941. 6)을 읽어보자.

> 세상으로부터 돌아오듯이 이제 내 좁은 방에 돌아와 불을 끄옵니다. 불을 켜두는 것은 너무나 피로롭은 일이옵니다. 그것은 낮의 연장(延長)이옵기에—

이제 창(窓)을 열어 공기(空氣)를 바꾸어 들여야 할 텐데 밖을 가만히 내다보아야 방(房) 안과 같이 어두워 꼭 세상 같은데 비를 맞고 오던 길이 그대로 비 속에 젖어 있사옵니다.

하루의 울분을 씻을 바 없어 가만히 눈을 감으면 마음 속으로 흐르는 소리, 이제, 사상(思想)이 능금처럼 저절로 익어 가옵니다.

시인은 '낮' 에서 '밤' 으로 돌아온다. 시인이 '돌아와 보는 밤' 은 고독의 시간이다. 고독의 시간은 기도의 시간이다.

시인은 '세상' 에서 '좁은 방' 으로 돌아온다. 시인이 돌아온 '좁은 방' 은 고독의 자리이다. 고독의 자리는 기도의 자리이다.

돌아와서는 불을 끈다. '낮의 연장(延長)' 을 지우려 한다. 낮에 만났던 사람들, 세상에서 부딪쳤던 일들을 모두 잊으려 한다. '낮' 의 연장은 '세상' 의 연장이기 때문이다.

그러나 그것들은 시인의 마음에서 잘 지워지지 않는다. 시인은 마음을 진정시키지 못하고 '방(房) 안' 에서 이리저리 움직인다. 그러다가 '창(窓)' 을 열어 '공기(空氣)' 를 바꾸어 들일까 하고 생각한다. 하지만 창가에 다가서 보니, 바깥 역시 '세상' 처럼 어둡고 비에 젖어 있을 따름이다.

시인은 창문 열기를 포기한다. '공기(空氣)'를 바꾸어 들인다 해도, 오히려 '세상'이 '방(房) 안'으로 '연장(延長)'될 뿐이기 때문이다. 그리하여 시인의 고독을 흩뜨리고, 시인의 기도를 방해할 것이기 때문이다.

이 시를 쓰던 날, 시인은 누구를 만났던 것일까? 그리고 무슨 일이 있었던 것일까? 시인은 '세상'에서 시국과 관련된 흉흉한 소문을 들었던 것은 아닐까? '좁은 방' 안에서 안정을 찾지 못하고 왔다 갔다 하는 시인의 모습이 안타깝도록 눈앞에 선연하다.

몸은 세상으로부터 돌아왔지만, 마음은 아직 '세상'에서 벗어나지 못해, '피로'와 '울분'을 달랠 길이 없는 것이다. 그러던 어느 순간, 시인은 그만 방바닥에 털썩 주저앉는다. 그러고는 "하루의 울분을 씻을 바 없어 가만히 눈을 감"는다.

아, 바로 그때, "마음 속으로 흐르는 소리"가 들린다. 시인이 무너지듯 주저앉아 눈을 감은 바로 그때, 진짜 기도가 시작된 것이다. '나' 자신의 힘으로 '나'의 마음을 갈무리해 보려던 생각을 포기한 바로 그때서야, 비로소 하느님의 음성이 들려오기 시작한 것이다.

하느님은 늘 '나'의 곁에서 말씀하고 계셨던 것이다. 하느님은 이미 '나'의 '울분'을 헤아리시고, '나'의 아픈 마음을 감싸 안아 위로해 주고 계셨던 것이다. 다만, 내가 나를 가두고, 내가 나에게 갇혀서, '나' 의 귀가 하느님께로 열리지 못하고 있었던 것이다.

그분의 사랑을 따라, 이제, 시인의 사랑도 익어 간다. "이제, 사상(思想)이 능금처럼 저절로 익어" 간다. '사상(思想)' 은 사랑의 다른 이름이다. 잘 익어 가는 능금처럼, 이제, 시인의 신앙도 '저절로' 깊어 간다. '사상(思想)' 은 신앙의 다른 이름이기도 하다.

이 시, 「돌아와 보는 밤」처럼, 기도에 대해 잘 말해 주는 시가 달리 또 있을까? 이 시는 기도 자체이면서, 기도란 어떻게 하는 것인지를 잘 보여주고 있다. 마치, 아무 말도 없는 한 폭의 그림처럼……

기도의 언어는 침묵이다. 기도는 말하는 것이 아니라 듣는 것이다. 기도는 기다림이다. "참된 기도는 침묵하는 것이며, 하느님의 말씀을 들을 때까지 기다리는 것"[59]이다. 기도는 내가 원하는 것을 말하는 것이 아니라, 그분이 내게 원하시는 것을 듣는 것이다.

이 시는 시인이 언제, 어디서, 어떻게 기도하는지 있는 그대로 보여준다. 시인은 '밤' 에, 자신의 '좁은 방' 에서, 침묵 속에 홀로 기도하였다. "너는 기도할 때 골방에 들어가 문을 닫은 다음, 숨어 계신 네 아버지께 기도하여라. 그러면 숨은 일도 보시는 네 아버지께서 너에게 갚아 주실 것이다."(마태 6,6)

하는 성경 말씀 그대로 기도하였다.

윤동주의 아우인 윤일주에 따르면, 연희전문 졸업반 무렵 윤동주는 키에르케고르에 심취해 있었다고 한다. "나이 어린 나(윤일주-인용자)에게도 그(키에르케고르-인용자)에 대한 이야기를 들려"[60] 주었다는 것이다. 일본 동경에서 신학교에 다니고 있었던 문익환은 윤동주와 "켈케골에 관한 이야기를 하다가 그의 켈케골에 관한 이해가 신학생인 나(문익환-인용자)보다 훨씬 깊은 데 놀라지 않을 수 없었다."[61]고 회고한다.

「돌아와 보는 밤」은 이런 회고들을 생각나게 하는 작품이다. 이 시에서 시인은 키에르케고르가 말하는 하느님 앞의 '단독자'로서 기도하였다. 한 연구자는 "학자들이 키에르케고르의 삶과 사상에서 기도가 차지하는 역할에 주의를 기울이지 않았던 것은 참으로 이상한 일"[62]이라고 하였거니와, 이것은 윤동주에게도 그대로 들어맞는 말이다.

그렇다. 「돌아와 보는 밤」은 시인이 무엇보다 기도하는 사람이었음을 여실히 보여준다. 침묵의 기도 속에서 하느님의 말씀을 듣고, 시인은 마침내 순교를 결의하는 데까지 나아간다. 여기서, 「십자가(十字架)」(1941. 5. 31)를 다시 한 번 읽어 보자.

쫓아오던 햇빛인데

지금 교회당(敎會堂) 꼭대기
십자가(十字架)에 걸리었습니다.

첨탑(尖塔)이 저렇게도 높은데
어떻게 올라갈 수 있을까요.

종(鐘)소리도 들려오지 않는데
휘파람이나 불며 서성거리다가,

괴로웠던 사나이,
행복(幸福)한 예수 · 그리스도에게
처럼
십자가(十字架)가 허락(許諾)된다면

모가지를 드리우고
꽃처럼 피어나는 피를
어두워가는 하늘 밑에
조용히 흘리겠습니다.

이 시가 쓰인 때와 같은 초여름의 맑은 어느 날이었으리라. 시인은 홀로 기도하기 위해 교회당을 찾아간다. 교회당

앞에 이르러 문득, 첨탑 위의 십자가가 햇빛을 반사하며 눈부시게 빛나는 것을 보게 된다.

그 순간, 시인은 자신이 늘 쫓아오던 '햇빛'(광명, 진리)이 '지금' 십자가에 '걸리었'다고 생각한다. '햇빛'이 '십자가'에 걸렸다! 이것은 말할 것도 없이, '십자가'를 거쳐야만 진리에 나아갈 수 있다는 뜻이다.

'지금'이란 언제인가? 표면적 문맥으로는 시인이 십자가를 올려다보는 그 순간을 가리키지만, 내면적 문맥에서는 시인이 살고 있는 일제 말기라는 가혹한 시대를 의미한다. 그래서 시인은 '지금', '햇빛'이 '십자가'에 걸렸다고 말하는 것이다. '지금', 시인의 시대에는, 십자가만이 구원에 이르는 유일한 통로이다!

시인은 "첨탑이 저렇게도 높은데 / 어떻게 올라갈 수 있을까요." 하고 묻는다. 십자가에 달린다는 것은 오직 하나밖에 없는 생명마저 포기해야만 가능한 일이다. 과연 내가 그런 일을 감당할 수 있을까? 그 엄청난 고통을 어떻게 견뎌낼 수 있을까? 아니 그보다도, 과연 내게 구원의 문이 허락될 수 있을까? 나라고 하는 한 인간이 감히 그런 소망을 지닐 수 있기나 한 것일까?

이런 사정을 시인은 "첨탑이 '저렇게도' 높은데" 하고, 공간적인 거리 감각으로 표현한다. 이 '저렇게도'라는 부사어에는 나약한 한 인간의 고통과 슬픔, 그리고 절망과 탄식이 들어 있다. 인간과 하느님 사이의 아득한 심연이 가로놓여 있고, 그 심연을 의식하는 데서 나오는 떨림과 두려움이 가득 배어 있다.

시인은 이제, 앞에서 던졌던 물음에 스스로 대답한다. 순교의 때를 기다리다가(제3연), 십자가가 허락된다면(제4연), 청춘의 피를 흘리겠다(제5연)는 것이 그 대답이다. 아, 이것은 시인의 대답이라기보다, 순교의 소망을 간직한 시인에게 들려온 하느님의 말씀이리라.

"종소리도 들려오지 않는데" 하고 시인은 말한다. 시인의 이 말은 너무나도 짙게 내려깔린 시대적 어둠을 새삼 환기시킨다. 하지만 시인은 '휘파람'을 불겠다고 말한다. 그래야만 순교의 때를 기다리는 팽팽히 긴장된 마음을 조금이라도 녹일 수 있는 까닭이다.

십자가와 종(연세대 대학교회)

'종소리'와 '휘파람'은 서로 호응하면서 하나의 짝을 이루어야 하는 소리들이다. '종소리'가 하늘의 소리라면, '휘파람'은 인간의 소리인 까닭이다. 그러나 시인의 시대는 '종소리'도 들려오지 않는 시대, 아무런 구원의 희망도 없는 그런 시대였던 것이다.

그럼에도, 아니 그렇기 때문에, 시인은 '휘파람'을 분다. 깊고 참된 신앙을 바탕으로 시를 쓴다. 시를 쓰면서, 순교의 때를 기다린다. "괴로웠던 사나이, / 행복(幸福)한 예수 · 그리스도에게 / 처럼 / 십자가(十字架)가 허락(許諾)" 되기를 조용히 기다린다.

시인은 '처럼'이라는 조사를 따로 떼어 하나의 행으로 독립시켰다. 이 조사 하나가 아주 중요한 의미단위를 이루는 까닭이다. 예수 그리스도를 닮겠다는 마음을, 그분이 가신 길을 그대로 따르겠다는 의지를 시인은 이렇듯이 표가 나도록 강조한다.

시인은 "모가지를 드리우고" 자신의 피를 흘리겠다고 말한다. "꽃처럼 피어나는" 청춘의 피를 흘리겠다고 말한다. '피흘림'은 곧 '피어남'이다. 피흘림으로 피어나는 청춘의 붉은 꽃은, 햇빛을 반사하며 눈부시게 빛나는 십자가와 호응하면서, 이 시에 뭐라 형언할 수 없는 슬픈 아름다움을 부여한다.

이 시에 대해서, 특히 마지막 연에 대해서, 더 이상 무슨 말을 할 수 있으랴! "모가지를 드리우고 / 꽃처럼 피어나는 피를 / 어두워가는 하늘 밑에 / 조용히 흘리겠습니다." 이렇게 다시 읽으면서, 마음의 떨림을 경험하는 것 외에 무엇이 더 필요하랴!

「십자가」는 우리에게, 참된 신앙이란 그 자체로 순교가 되는구나! 하는 것을 절실히 느끼도록 해준다. 시인은 어떻게 해서 이처럼 깊은 신앙에 도달할 수 있었을까? 그것은 무엇보다, 그가 기도하는 사람이었기 때문이다. 「돌아와 보는 밤」과 「십자가」는 안팎에서 서로 호응하는 작품들인 것이다.

7 예언 預言

윤동주는 연희전문 졸업반 시절의 여름 방학을 고향인 용정에서 보낸다. 그러고 1941년 9월, 가을 학기가 시작되자 다시 서울로 돌아와, 이번에는 북아현동으로 하숙을 옮긴다. 역시 정병욱과 함께였다.

정병욱의 회고에 따르면, 졸업반인 윤동주의 생활은 바쁘게 돌아갔다. "진학에 대한 고민, 시국에 대한 불안, 가정에 대한 걱정, 이런 일들이 겹치고 겹쳐서 동주 형은 이때 무척 괴로워하는 눈치였다."[63]

이런 고민들 가운데서도, 시인은 홀로 기도를 계속하고 있었다. 이즈음 쓰인 시편들에, '눈물' 이라는 시어가 자주 등장하고 있지 않은가? '눈물' 을 흘린다는 것은 세상의 고통 속에서 절실한 기도가 이어지고 있음을 말해 준다.

기도란 발가벗는 것이다. 아무 꾸밈도 없이, 하느님 앞에 홀로 나아가는 것이다. 그리고 낮아지는 것이다. 한없이 비

천한 자신을 깨닫고, 그분의 사랑 안에서 속절없이 우는 것이다. 시인은 기도하면서 울고, 울면서 시를 썼으리라.

「또 다른 고향(故鄕)」(1941. 9)을 보자. "어둠 속에 곱게 풍화작용(風化作用)하는 / 백골(白骨)을 들여다보며 / 눈물짓는 것이 내가 우는 것이냐 / 백골(白骨)이 우는 것이냐 / 아름다운 혼(魂)이 우는 것이냐" 하고 시인은 묻는다.

「길」(1941. 9. 31)을 보자. "돌담을 더듬어 눈물짓다 / 쳐다보면 하늘은 부끄럽게 푸릅니다." 하고 시인은 말한다. 눈물에서 부끄러움으로 이어지면서, 시인의 마음은 저 깊은 곳까지 정화된다.

윤동주 시비(전남 광양시 매화마을) –「또 다른 고향」

그렇게 정화된 마음으로, 시인은 명편 중의 명편인 「별 헤는 밤」(1941. 11. 5)과 「서시」(1941. 11. 20)를 썼다. 먼저, 「별 헤는 밤」을 읽어 보자.

계절(季節)이 지나가는 하늘에는
가을로 가득 차 있습니다.

나는 아무 걱정도 없이
가을 속의 별들을 다 헤일 듯합니다.

가슴 속에 하나 둘 새겨지는 별을
이제 다 못 헤는 것은
쉬이 아침이 오는 까닭이요,
내일(來日) 밤이 남은 까닭이요,
아직 나의 청춘(青春)이 다하지 않은 까닭입니다.

별 하나에 추억(追憶)과
별 하나에 사랑과
별 하나에 쓸쓸함과
별 하나에 동경(憧憬)과
별 하나에 시(詩)와

별 하나에 어머니, 어머니,

어머님, 나는 별 하나에 아름다운 말 한 마디씩 불러봅니다. 소학교(小學校) 때 책상(冊床)을 같이 했던 아이들의 이름과, 패이(佩), 찡(鏡), 위(玉) 이런 이국소녀(異國少女)들의 이름과 벌써 애기 어머니 된 계집애들의 이름과, 가난한 이웃 사람들의 이름과, 비둘기, 강아지, 토끼, 노새, 노루, 「프란시스 · 잠」 「라이너 · 마리아 · 릴케」 이런 시인(詩人)의 이름을 불러 봅니다.

이네들은 너무나 멀리 있습니다.
별이 아슬히 멀듯이,

어머님,
그리고 당신은 멀리 북간도(北間島)에 계십니다.

나는 무엇인지 그리워
이 많은 별빛이 내린 언덕 위에
내 이름자를 써 보고,
흙으로 덮어 버리었습니다.

딴은 밤을 새워 우는 벌레는

부끄러운 이름을 슬퍼하는 까닭입니다.

(1941. 11. 5)

그러나 겨울이 지나고 나의 별에도 봄이 오면

무덤 위에 파란 잔디가 피어나듯이

내 이름자 묻힌 언덕 위에도

자랑처럼 풀이 무성할 게외다.

가을이다. 그리고 밤이다. 시인은 하늘의 별들을 헤면서, "별 하나에 아름다운 말 한 마디씩 불러" 본다. 정겹고 가녀린 많은 이름들을 불러 본다. 그러고는 그 이름들이 별빛 되어 내린 언덕 위에 자신의 이름자를 써보고, 이내 "흙으로 덮어 버" 린다.

부끄러웠기 때문이다. 별빛에 비추어 보았을 때, 별처럼 아름다운 이름들에 견주어 보았을 때, 시인은 자기 자신이, 자신의 이름 석 자가 정녕 부끄럽게 느껴졌던 것이다.

시인의 부끄러움은 그 어떤 말로도 설명될 수 없다. 시인의 부끄러움에는 이 세상의 그 어떤 도덕 기준도 넘어선 영적인 의미가 깃들어 있는 까닭이다. 그러니 시인의 부끄러움을 어찌 인간의 언어에 담아낼 수 있으랴! 다만, 당시 시인이 놓인 시대적 현실과 관련하여 시인의 부끄러움에 접근해 볼 수는 있을 것이다.

여기에는 일제가 강요했던 창씨개명 문제가 가로놓여 있다. 앞서 언급했듯, 일제는 1939년 11월 창씨개명령을 공포하고, 1940년 2월부터 이를 시행하였다. 이 창씨개명 문제가 시인에게 눈앞의 걱정거리로 등장한 것은 연희전문 졸업반 시기부터였을 것이다. 일본으로 건너가 상급학교에 진학하기 위해서는 창씨를 하지 않을 수 없는 처지에 몰렸던 것이다.

시인의 이름에 보기 흉한 얼룩이 생기려 하고 있었던 것이다. '히라누마(平沼)' 라고 하는, 이름 아닌 이름이 튀어 올라 시인의 이름을 더럽히려 하고 있었던 것이다. 그래서 시인은 언덕 위에 써 본 자신의 이름을 이내 흙으로 덮어버린 것이다.

이렇게 해서, 시인의 이름 석 자는 얼룩이 지기 전에 흙 속에 곱게 묻힌 것이다. 아아, 시인의 이름이여! 별빛에 비추어 스스로 부끄럽게 여기는, 그래서 오히려 더욱 깨끗하고 아름다운 시인의 이름이여……

'이름' 은 단순한 기호가 아니다. '이름' 은 그 사람의 존재 자체이다. 하느님께서는 "별들의 수를 정하시고 / 낱낱이 그 이름을 지어 주신다."(시편 147,4) 세상 만물은 이렇게 이름을 받고 나서야, 비로소 그 존재가 시작된다. 누구의 이름이든, 그것은 하늘에서 부여받은 그의 본질이요, 그의 정체성이다.

그의 인격 자체요, 그 사람 자신이다.

이제, 시인의 이름은 '언덕' 위에 감추어졌다. '언덕'은 별빛이 내린 곳, 시간과 영원이 만나는 곳이다. 시간 위에 내려앉은 영원이 시인의 이름을 온전히 지켜 주리라. 별빛 되어 내린 정겨운 이름들이 시인의 이름을 따뜻하게 품어 주리라.

아, 그러나…… 그러나, 자신의 별에 봄이 오는 것은 자신의 죽음 뒤라는 것을 시인은 알고 있었을까? 시인은 왜, "무덤 위에 파란 잔디가 피어나듯이"라고 썼을까? 무엇 때문에 '무덤'이라는 단어를 써야만 했을까?

「별 헤는 밤」는 성히 신비를 품고 있는 작품이다. 시인은 이 시의 맨 끝에, 예언(豫言)을 담은 예언(預言)처럼, "내 이름자 묻힌 언덕 위에도 / 자랑처럼 풀이 무성할" 것이라고 썼다.[64] 시인의 말대로, 시인의 이름은 지금 밤하늘의 별처럼 빛나고 있다.

「별 헤는 밤」은 「서시(序詩)」와 더불어, 윤동주가 육필 자선시집 『하늘과 바람과 별과 시(詩)』를 엮은 계기가 된 작품이다. 이 시집을 보관해 낸 정병욱에 따르면, 윤동주는 「별 헤는 밤」을 완성하고 나서 자선시집을 만들어 출판하려 했다고 한다. 여기에 "「서시(序詩)」까지 붙여서 친필로 쓴 원고를 손수 제본을 한 다음"[65], 그 한 부를 자신(정병욱)에게 주었다는 것이다.

윤동주는 이 시집의 출판을 간절히 원하고 있었다. 당시의 시국에서 위험을 무릅쓰면서까지 이 시집을 출판하려 했던 것으로 미루어, 시인에게는 이 시집을 반드시 출판해야만 하는 중요한 이유가 있었으리라. 이 점을 명징하게 알려주는 것이 윤동주가 이 시집을 "77부라는 제한된 부수로"[66] 출판하려 했다는 사실이다.

'77부' 라는 부수의 의미는 이스라엘의 3대 절기 중의 하나인 '칠칠절(七七節)' 과 연관되어 있다. '칠칠절(맥추절)' 은 보리 추수와 연결된 축제로서, "파스카를 지낸 후 7일을 일곱 번 지낸 다음에 지내게 된다."[67] 여기에 하루를 더해 '오순절' 이라는 이름도 나오게 되었으며, "이러한 유다인들의 축제를 도입하여 그리스도교에서는 이날을 '성령 강림 대축일' 로 지내고 있다."[68]

초판 '77부' 의 의미는 또 "일곱째 달 보름날부터 이레 동안"(레위 23,39) 지내는 '초막절(추수절)' 과도 연관되어 있을 것이다. 그 이레 동안, "이스라엘에 있는 모든 본토인은 초막에서 지내야"(레위 23,42) 했는데, 이는 이스라엘 백성이 에집트 땅에서 탈출해 나올 때, 초막에서 살게 하였던 일을 대대로 기억하게 하려는 것이었다.(레위 23,43)

이처럼 칠칠절과 초막절은 모두 파스카 축제와 관련되어 있다. 시인은 파스카 축제에서 행해지던 어린 양에 대한 의식

(儀式)을 염두에 두고 있었던 것이다. 어린 양을 잡아 그 피를 천막 기둥에 뿌리는 등의 의식은 예로부터 행해지던 유목민의 의식이었는데, 이것이 에집트 탈출의 체험으로 새로운 의미를 갖게 된다. “이것은 ‘주님의 지나감’ 그리고 이 ‘백성이 자유로 건너감’에 대한 기념 의식과 표징이”[69] 되는 것이다.

그래서 시인은 이 시집의 출판을 그토록 간절히 원했던 것이다. 그 동안 쓴 시편들 중에서 고르고 고른 19편의 작품을, 민족의 제단에서 그리고 시대의 제단에서 하느님께 제물로 바치고자 했던 것이다.[70] 육필 자선시집이 제물이라면, 이 시집을 출판하는 것은 제물을 제단에 올리는 것이 아니겠는가?

하지만 시인에게 시집 출판의 의미는 여기에 그치지 않는다. 위험을 무릅쓰고까지 시집을 출판하려 한 것은 또한 시인 자신을 제물로 바치려는 것이었다. 앞서 읽어본 「십자가」에서, 시인은 “모가지를 드리우고 / 꽃처럼 피어나는 피를 / 어두워가는 하늘 밑에 / 조용히 흘리겠”다고 말하지 않았나?

아, 여기까지 오니, 「별 헤는 밤」에서 흙으로 덮어버린 ‘이름’이, 그 이름의 ‘무덤’이 더욱 깊은 의미를 띠고 다가온다. 깊은 슬픔으로, 아니 슬픔조차 넘어서는 은은한 울림으로 다가온다. 이제, 「서시(序詩)」(1941. 11. 20)를 읽어 보자.

죽는 날까지 하늘을 우러러

한 점 부끄럼이 없기를,

잎새에 이는 바람에도

나는 괴로워했다.

별을 노래하는 마음으로

모든 죽어가는 것을 사랑해야지

그리고 나한테 주어진 길을

걸어가야겠다.

오늘 밤에도 별이 바람에 스치운다.

윤동주 시비(충남 천안시 독립기념관) -「서시」

"죽는 날까지 하늘을 우러러 / 한 점 부끄럼이 없기를," 하고 시인은 말한다. 시인 말고, 누가 감히 이렇게 말할 수 있을까? 자신의 이름을, 아니 자기 자신을 '언덕' 위에 묻은 시인이 아니고는, 결코 이렇게 말할 수 없다!

시인의 '부끄럼'은 아름답다. 시인의 '부끄럼'은 하느님과 홀로 대면하는 절대적 윤리감각에서 나오는, 영적인 의미가 담겨 있는 그런 '부끄럼'이기 때문이다. 그래서 가슴 저리도록 아름답다.

시인은 자신이 '죽는 날'을, 스스로 제물이 되는 그날을 기

윤동주 시비(서울 종로구 부암동) –「서시」

다린다. 기다리면서, 순교가 허락되는 그날까지, "한 점 부끄럼이 없기를" 간절히 기도한다. 제물은 무엇보다 깨끗하고 정결해야 하기 때문이다. 시대의 흙탕물에 얼룩진 몸으로, 세상의 욕망에 물든 마음으로 제물이 되기를 바랄 수는 없다.

시인은 이어서, "잎새에 이는 바람에도 / 나는 괴로워했다." 하고 말한다. "잎새에 이는 바람", 어린 잎을 스치는 '바람'을 시인은 어떻게 아는가? '잎새'의 가느다란 흔들림을 보고 안다. 그 가녀린 '잎새'의 작은 움직임 가운데에서, 여린 생명을 부드럽게 어루만져 주시는 '하느님의 영'을 느끼는 것이다.

'부끄럼'이 '괴로움'으로 이어지는 것은 필연이다. 가녀린 생명들과 하느님과의 관계에서 느껴지는, 그 절대적 윤리감

서시정(序詩亭)(서울 종로구 부암동)

각 앞에서 인간은 마음 깊이 양심의 통각을 느끼게 되는 까닭이다. 그러기에 시인이 말하는 '괴로움'은 자신의 내면을 저 깊은 곳까지 들여다보는 맑은 투명성의 다른 이름이다. "하늘을 우러러" 보는 시인이 인간 실존의 한계에 부딪히며 느끼는 피할 수 없는 정서이다.

'괴로움'이 '사랑'으로 이어지는 것도 필연이다. "별을 노래하는 마음으로 / 모든 죽어가는 것을 사랑해야지" 하고 시인은 말한다. '별'은 여린 생명들 하나하나의 상징이면서, 또한 하느님의 품에 안긴 생명들의 영원성을 상징한다.

그러니까 시인은 영원을 노래하면서, "모든 죽어가는 것"을 사랑하겠다고 말하는 것이다. "모든 죽어가는 것"이란 살아 있는 모든 생명들, 그러나 하느님에게서 멀어져 죽을 수밖에 없는 모든 생명들이다. "그리고 나한테 주어진 길을 / 걸어가야겠다." 하고 시인은 말한다. '주어 진 길'이란 하늘로부터 주어진 길이다. 소명(召命)이다.

시인의 소명은 시를 쓰는 것이다. 하늘의 말씀을 받아 세상에 전하는 그런 시를, 즉 예언시(預言詩)를 쓰는 것이다. 시인의 소명은 또한 순교의 길을 가는 것이다. 시를 쓰고, 시와 함께 자기 자신을 제물로 바치는 것이다. 그것이 하느님이 시인에게 허락하신 '주어진 길'이다. 시인은 그 '주어진 길'을 "걸어가야겠다." 하고 조용히 말한다. 이 조용한 어조 안에,

윤동주 시비(북간도 명동촌) –「서시」

시인의 깊은 신앙이 숨 쉬고 있다.

시인은 이제, 연을 바꾸어 쓴다. "오늘 밤에도 별이 바람에 스치운다." 하고, 단 한 줄로 제2연을 마무리한다.

이처럼 아름다운 마무리가 또 있을까? 이 한 줄은 앞의 여덟 줄이 시인의 내면에서 응축되었다가 다시 확산되어 나온 것이다. 시인은 그 확산된 광경으로 자신의 내면을 우리에게 보여준다. 그것은 "별이 바람에 스치우는" 밤하늘의 광경이다.

그러니까 이 우주적 광경은 시인의 내면풍경이 외화(外化)된 것이다. 시인의 영혼은 밤하늘의 별처럼 하느님의 숨결로 정결하게 씻기운다. 밤이면 밤마다 하느님의 손길, 하느님의 사랑으로 정화되고 정련된다. 아, 내면과 외계의 아름다운 조응이여……

8 참회 懺悔

앞에서 보았듯, 윤동주는 육필 자선시집 『하늘과 바람과 별과 시(詩)』를 엮어, 스스로 순교의 길로 접어들었음을 세상에 알리고자 했다. 그러나 시인은 시집을 출판할 수 없었다. 그러기는커녕, 시인의 시를 잉태한 모국어와 그 모국어를 표기하는 한글의 생명마저 끊어져가고 있었다.

한편, 세계정세는 제2차 세계대전의 와중에서 제국주의 열강들의 각축전이 점점 치열해지고 있었다. 게다가, 미일관계의 악화로 인해, 시인이 다니던 연희전문학교는 혹독한 수난의 시기로 접어들고 있었다.[71]

이러한 민족적 · 인류적 파국의 위기 속에서, 시인은 혼신의 힘을 다한 절규와도 같은 시를 쓴다. 「간(肝)」(1941. 11. 29)을 읽어 보자.

바닷가 햇빛 바른 바위 위에

습한 간(肝)을 펴서 말리우자,

코카서스 산중(山中)에서 도망해 온 토끼처럼
들러리를 빙빙 돌며 간(肝)을 지키자.

내가 오래 기르던 여윈 독수리야!
와서 뜯어 먹어라, 시름없이

너는 살지고
나는 여위어야지, 그러나,

거북이야!
다시는 용궁(龍宮)의 유혹(誘惑)에 안 떨어진다.

프로메테우스 불쌍한 프로메테우스
불 도적한 죄로 목에 맷돌을 달고
끝없이 침전(沈澱)하는 프로메테우스.

시인은 '용궁'에서 살아나온 토끼를 '코카서스 산중(山中)'에서 도망해 왔다고 함으로써, 한국의 토끼 설화와 그리스의 프로메테우스 신화를 연결시킨다. '간'과 '독수리'를 매개로 두 이야기를 결합시켜, 다음에 올 의미 변용을 준비하는 것이다. 놀라운 착상이다.

'독수리'는 토끼 설화에도 등장하고, 프로메테우스 신화에도 등장한다. 토끼 설화에서, 독수리는 늘 토끼의 생명을 노리는 팔난(八難) 중의 하나이다. 프로메테우스 신화에서, 제우스는 독수리를 보내 자기에게 저항하는 프로메테우스의 간을 쪼아 먹게 한다.

토끼(시인)는 자신의 간을 햇빛에 말린다. 용궁에서 오염되었던 간을 "바닷가 햇빛 바른 바위 위에" 잘 펴서 깨끗하게 말린다. 토끼는 간을 말리는 동시에, "둘러리를 빙빙 돌며" 간을 지킨다. 언제 어느 방향에서 제우스(일제)의 독수리가 날아들지 모르기 때문이다.

윤동주 시비(충남 홍성군 민족시비공원) –「간」

토끼는 이제, "내가 오래 기르던 여윈 독수리야!" 하고, 새로운 독수리를 부른다. 잘 말린 깨끗한 간을 고스란히 내어 주려는 이 제3의 '독수리'는 누구인가? 시인이 "오래 기르던" 이 독수리는 다름 아닌 시인 자신의 영적 자아이다.

성경적 의미에서 '독수리'는 영적 젊음을 상징한다.[72] 시인은 오랫동안 독수리를 길러 왔다. 그러나 그 동안 제대로 보살피지 못해 독수리는 지금 너무 많이 여위어 있다. 그러니 자신의 간을, 세속적 욕망을 깨끗이 씻어낸 자신의 순수한 생명을 내어 주어야만 한다.

"와서 뜯어 먹어라. 시름없이" 하고 시인(토끼)은 말한다. 이렇게 영적 자아를 키우는 것만이 정녕 사는 길이다. "너는 살지고 / 나는 여위어야지," 하고 시인은 말한다. '너'도 살지고 '나'도 살질 수는 없다. 영적 자아와 세속적 자아는 양립할 수 없다. 영적 자아가 살지기 위해서는 세속적 자아는 여위어야만 한다.

독수리상(연세대)

그러나, '나'가 여윌지라도, "다시는 용궁(龍宮)의 유혹(誘惑)에 안 떨어진다." 하고 토끼(시인)는 거북이에게 외친다. 이 외

침은 현세적 유혹을 경계하는 마음을 강렬히 표출한 것이다. 헛된 욕망에 따라 시대적 유혹과 타협하는 것은 삶이 아니라 죽음이라는 것, 영적 자아가 살지도록 자신이 여위는 것만이 진짜 삶이라는 것을, 이제, 시인은 너무나도 확연히 깨달은 것이다.

여기에 와서, 시인의 시선은 '토끼'를 떠나 '프로메테우스'에게로 옮겨진다. 그러면서 '프로메테우스'는 인간의 교만을 상징하는 것으로 그 의미가 변용된다. 제우스의 명령에 복종하는 '독수리'가 영적 자아를 상징하는 성경적 의미의 독수리로 변용되었기에……

'프로메테우스'는 하느님을 떠나 제 힘으로 문명을 건설하려는 인간을 의미한다. 시인은 일제의 극악한 탄압을 겪으면서, 인간의 근원적 죄가 무엇인지를 깊이 깨달았다. 그것은 스스로 하느님처럼 되려는 죄이다.

다름 아닌 '불 도적한 죄'이다. 선악과를 따먹은 죄요, 바벨탑을 쌓은 죄이다. 그 죄는 또한 믿음이 약한 다른 이들을 걸려 넘어지게 하는 죄이다.[73] 시인은 시대적 어둠 속에서, 인간이 지닌 이 근원적 죄를 본다. 그리고 거기 걸려 넘어지는 사람들을 본다. 걸려 넘어져서 '간'을 꺼내 주는, 자신의 생명을 내어 주는 수많은 사람들을 본다.

아, 그리고 시인은, 자신의 내면 깊은 곳에서도, 그 근원적 죄를 본다. 가까스로 '간'을 지켜내기는 했으나, '거북이'를 따라 '용궁'까지 갔다 온 자기 자신을 되돌아본다. 그러기에 시인이 "프로메테우스 불쌍한 프로메테우스" 하고 부르는 것은 "동주 불쌍한 동주" 하고 부르는 것과 같다.

아니, 그 근원적 죄는 사람이면 누구나 지니고 있는 것이기에, 시인이 프로메테우스를 부르는 것은 우리 모두를 부르는 것과도 같다. 나 자신 속에 숨어 있는, 그리고 인간 누구에게나 깊이 숨어 있는 교만한 마음이 극단적으로 표출된 것, 그것이 바로 제국주의 열강의 각축전이 아닌가?

이 시는 무서운 경고이다. 인간의 교만에 대한, 집단화의 광기에 빠진 전체주의에 대한, 타자를 도구화하거나 제거해 버리려는 제국주의의 팽창에 대한 절망적 경고이다. "끝없이 침전(沈澱)하는", 스스로 멸망의 늪으로 가라앉아 가는 '불쌍한' 인류에 대한 하느님의 연민 어린 경고이다.

참회가 요구된다. 시인 자신을 포함해, 전 인류의 참회가 요구된다. 참회를 통해 의로워지지 않으면 결코 구원될 수 없다. 이제, 「참회록(懺悔錄)」(1942. 1. 24)을 읽어 보자.

파란 녹이 낀 구리 거울 속에
내 얼굴이 남아 있는 것은
어느 왕조(王朝)의 유물(遺物)이기에

이다지도 욕될까

나는 나의 참회(懺悔)의 글을 한 줄에 줄이자,
— 만(滿) 이십사년(二十四年) 일개월(一個月)을
　무슨 기쁨을 바라 살아왔던가

내일이나 모레나 그 어느 즐거운 날에
나는 또 한 줄의 참회록(懺悔錄)을 써야 한다.
— 그때 그 젊은 나이에
　왜 그런 부끄런 고백(告白)을 했던가.

밤이면 밤마다 나의 거울을
손바닥으로 발바닥으로 닦아보자

그러면 어느 운석(隕石) 밑으로 홀로 걸어가는
슬픈 사람의 뒷모양이
거울 속에 나타나온다.

윤동주는 1941년 12월 27일 연희전문학교를 졸업한다. 그해 12월 8일, 일제는 하와이 진주만을 기습하여 태평양전쟁을 일으켰던 바, 이러한 전시체제의 강화로 인해 연희전문학교의 졸업식도 2개월여 앞당겨진 것이다.

윤동주는 연희전문을 졸업하고 북간도 용정으로 귀향한다. 그리고 한 달쯤 뒤인 1942년 1월 29일, '히라누마(平沼)' 라고 창씨한 창씨개명계(創氏改名屆)를 연희전문학교에 제출한다. 어쩔 수 없이 일본 유학을 위한 수속을 밟은 것이다.

연희전문 졸업 사진

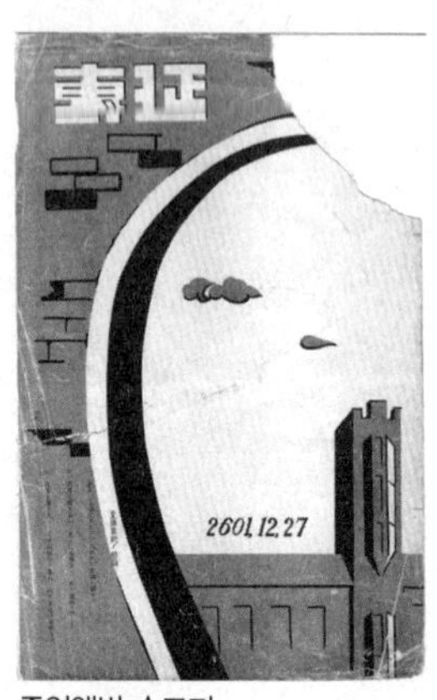

졸업앨범 속표지.

「참회록(懺悔錄)」(1942. 1. 24)은 바로 그 닷새 전에 쓰였으니, 창씨개명이 직접적인 계기가 된 작품이다. 그 여백에 쓰인 '도항증명(渡航證明)' 이라는 낙서도[74] 이를 뒷받침한다. 시인은 민족적 정체성을 지닌 '내 얼굴' 이 업신여김을 받는 것을 참으로 욕되게 여겼던 것이리라.

하지만 이 시는 창씨개명을 에워싼 그런 정황에 의해서만 해석될 수 없다. 시인은 이미 오래 전부터 참회를 해오고 있지 않았던가? 참회가 없이는, 시인의 기도와 눈물도, 그리고 순교에의 소망도 있을 수 없었으리라. 그렇게 지속되어 온 '참회'가 모교에 창씨개명계를 제출해야 하는 구체적인 정황에서 한 편의 시로 표출된 것, 그것이 「참회록(懺悔錄)」이다.

시인은 "파란 녹이 낀 구리 거울 속에" 남아 있는 '내 얼굴'을 본다. 보면서, "어느 왕조(王朝)의 유물(遺物)이기에 / 이다지도 욕될까" 하고 생각한다. '어느 왕조(王朝)'란 불특정한 왕조, 흐릿하게 녹이 낀 세속의 시간을 지배해온 지상의 권세이다. 아직도 그 '유물(遺物)'로 남아 있는 '나' 자신이 이루 말할 수 없이 욕되다는 것이다.

시인은 "참회의 글을 한 줄에 줄"여, "만(滿) 이십사년(二十四年) 일개월(一個月)을 / 무슨 기쁨을 바라 살아왔던가" 하고 묻는다. 이 물음은 '나'가 스물네 해 동안 현세적 기쁨, 세속적 영광을 바라보며 살아왔다는 데 대한 뼈아픈 자각에서 나온 물음이다. 깊은 후회요, 가슴을 치는 탄식이다.

그러나…… 그러나 아직 참회에 이른 것은 아니다. 참회는 통회에 그치는 것이 아닌 까닭이다. 참회란 '방향전환(方向轉換)'이다. '바라는' 바를 완전히 바꾸어야만 한다. 인생행로 자체를 오직 하늘을 향해 방향 짓도록 해야만 한다.

그렇게 해서, '나'의 존재하는 차원이 바뀌어야만 한다. 이 세상을 살아가되, 동시에 하늘나라에서 살아가는 그런 삶이 되어야만 한다. 그렇게 존재이행(存在移行)을 이룰 때에야, 비로소 참된 의미의 '기쁨' 이 솟아나리라. "내일이나 모레나 그 어느 즐거운 날" 은 바로 그런 기쁨 속에서 사는 날이다.

아, 그런 '즐거운 날' 이 오면, 오늘의 통회와 탄식이 한없이 부끄러워지리라. "그때 그 젊은 나이에" 현세적인 욕망을 버리지 못했느니 어쨌느니 하고 반성했던 것 자체가 정녕 부끄러운 일이 되리라. 시인은 한 줄로 줄인 '참회의 글' 을 쓰자마자, 그것이 '참회록' 이 될 수 없음을 직감한 것이다. 여기서 다시금, 자신의 '욕된 얼굴' 을 본 것이다. 아, 자기 성찰의 엄정함이여……

그래서 시인은 '그 어느 즐거운 날' 에 "또 한 줄의 참회록(懺悔錄)을 써야 한다." 고 말한다. 그 '또 한 줄의 참회록' 은 "그때 그 젊은 나이에 / 왜 그런 부끄런 고백을 했던가." 하는 또 다른 탄식이리라.

두 줄의 참회록 사이로, 그리고 두 번의 탄식 사이로, 그 어떤 개념적 언어도 떠나서, 시인의 참회는 침묵 속에 이어져 간다. 시인은 이제, 참회하는 행위 자체를 몸의 언어로 보여준다. 시인은 온몸으로, '손바닥으로 발바닥으로', '나의 거울' 을 닦는다. '밤이면 밤마다', 혼신의 힘을 다해서, 자신의 내면을 닦고 또 닦는다.

그렇게 '나의 거울' 을 닦으면, 정성을 다해 '나' 의 마음을 닦으면, '나' 의 내면 저 깊은 곳까지 들어갈 수 있다. 그러면 영원으로 향하는 길이 열리리라. 아, 그 길은 "어느 운석(隕石) 밑으로 홀로 걸어가는" 외롭고 슬픈 길이다.

떨어지는 별을 따라가는 길, 그것은 죽음을 향해 나아가는 순교의 길이다. 멀지 않아, 시인은 그 길을 걸어가리라. 아니, 시인은 이미 그 길을 '홀로' 걸어가고 있다. 거울 속에 나타나오는, 영원의 문으로 들어서는 '나'를 거울 밖에서 보니, 그 '뒷모양'이 슬프게 느껴진다.

이 '슬픈 사람의 뒷모양'에는 일제 말기의 시대적 어둠이 짙게 배어 있다. 이런 의미에서, 이 시 「참회록」은 그 자체로 일본 제국주의에 대한 심판이 된다. 이는 심판 중에서도 가장 엄정한 심판이다. 왜냐하면, 일제는 한 정직한 젊은이가 죽음에 이르지 않을 수 없도록 그의 맑은 영혼을 끝없이 괴롭혔기 때문이다.

9 천명 天命

1942년 4월, 윤동주는 도쿄(東京)로 건너가 릿쿄대학(立教大學) 영문과에 입학한다. 고향을 떠나 고국의 수도에서 연희전문을 마치고는, 다시 고국을 떠나 적국의 수도로 유학을 간 것이다.

릿쿄(立教) 대학은 1874년 윌리엄즈(C. M. Williams) 주교가 창립한 성공회 계통의 학교이다. 윤동주는 릿쿄대학 시절에 5편의 시를 남겼다. 이 5편의 시는 서울에 있는 친우 강처중(姜處重)에게 보낸 편지 속에 들어 있던 것이다. 강처중은 이를 잘 보관했다가 윤동주의 아우 윤일주에게 전했다.[75)]

윌리엄즈상

릿쿄대학 채플

막 도쿄 유학을 시작할 당시, 시인의 내면은 어떠했을까? 윤동주의 당숙인 윤영춘의 회고에 따르면, 그가 도쿄에서 교직에 머물러 있을 때 윤동주는 송몽규와 함께 그를 찾아 놀러 왔었다고 한다. 윤영춘은 그때 만났던 시인의 모습을 다음과 같이 기억하고 있다.

문학과 인생에 대한 이야기들 가운데서 "동주는 벌써 물욕(物慾)을 떠난 하나의 메타피지컬한 철학적 체계를 갖춘 단계에 이르렀다는 것을 보여주었고, 말할 적마다 시(詩)와 조선(朝鮮)이라는 이름은 거의 말버릇처럼 동주의 입에서 자주 튀어나왔다.[76]

이 회고를 통해, 당시 시인의 내면을 엿볼 수 있다. 그것은 맑고 고요한 호수와 같은 마음, 세상의 욕망으로부터 자유로워진 마음이다. 그러면서도 시와 민족에 대한 한없는 사랑을 간직하고 있는 마음이다. 도쿄에서의 첫 시 「흰 그림자」(1942. 4. 14)를 읽어 보자.

황혼(黃昏)이 짙어지는 길모금에서
하루 종일 시들은 귀를 가만히 기울이면
땅검의 옮겨지는 발자취 소리,

발자취 소리를 들을 수 있도록
나는 총명했던가요.

이제 어리석게도 모든 것을 깨달은 다음
오래 마음 깊은 속에
괴로워하던 수많은 나를
하나, 둘 제고장으로 돌려보내면
거리 모퉁이 어둠 속으로
소리 없이 사라지는 흰 그림자,

흰 그림자들

연연히 사랑하던 흰 그림자들,

내 모든 것을 돌려보낸 뒤
허전히 뒷골목을 돌아
황혼(黃昏)처럼 물드는 내 방으로 돌아오면

신념(信念)이 깊은 의젓한 양(羊)처럼
하루 종일 시름없이 풀포기나 뜯자.

해질녘, 하숙방으로 돌아오는 길이다. 황혼의 정경 속에, 시인의 외로움이 짙게 느껴진다. 하지만 아울러, 영원의 나라에 들어서고 있는 신앙의 깊이도 그윽이 느껴진다.

시인은 이 세상의 소음에 "하루 종일 시들은" 귀를 '가만히' 기울여, "땅검의 옮겨지는 발자취 소리"를 듣는다. 그것은 시끄러운 낮에서 고요한 밤으로 옮겨가는 소리다. 영원의 나라에서 울려오는, 하늘의 섭리를 전하는 그런 소리다.

시인은 '총명'한 귀로 그 소리를 듣고 어떤 깨달음을 얻는다. 그리하여 "오래 마음 깊은 곳에 / 괴로워하던 수많은 나를 / 하나, 둘 제고장으로 돌려보"낸다. '수많은 나'를 지금 여기에 끌고 다니는 것이 아니라, '수많은 나'가 괴로워하던 그때 거기에 온전히 돌려보내는 것이다. 그러면 '흰 그림자'

가 "거리 모퉁이 어둠 속으로" 소리 없이 사라진다.

'흰 그림자'란 무엇일까? 대개의 경우 그림자는 마음속의 어둠, 순치되지 않은 무의식을 뜻한다. 그렇다면 '흰 그림자'는 맑은 무의식이라고 할 수 있으리라. 시인의 사랑과 그 사랑에 깃든 슬픔을 오롯이 간직하고 있는 마음 저 깊은 곳의 추억, 그러니까 슬픈 사랑의 추억이리라.

시인은 '흰 그림자'를 다시금 복수형으로 고쳐서 되뇌어 본다. "흰 그림자들 / 연연히 사랑하던 흰 그림자들," 하고…… 여기에는 시인이 「슬픈 족속(族屬)」에서 그려냈던 여인의 영상이, 흰옷을 입은 동포들의 영상이 겹쳐 있으리라.

그들은 시인에게 '내 모든 것'이었다. 시인은 그들을, '내 모든 것'을 돌려보내는 것이다. '제 고장으로', 과거의 평화로운 마을로, 그리고 미래의 자유로운 조국으로…… 아, 시인은 이제, '내 모든 것'과의 이별을 준비하고 있는 것일까?

그들을 돌려보내고, 시인은 "황혼(黃昏)처럼 물드는 내 방으로 돌아" 온다. 그리하여 "신념(信念)이 깊은 의젓한 양(羊)처럼 / 하루 종일 시름없이 풀포기나 뜯자." 하고[77] 다짐한다. 아무 걱정도 없이, 목자이신 그리스도 앞에 나아가, 하느님의 말씀에 귀를 기울이겠다는 것이다. 이미 영원의 나라에 들어서고 있는 시인의 모습이 눈앞에 보이는 듯하다.

윤동주는 도쿄에 처음 도착하여 한인 YMCA의 윤영춘의 방에 잠시 투숙하였으나, 곧 하숙방을 새로 구한 것으로 보인다. 이 시에 나오는 '내 방'은 「사랑스런 추억(追憶)」(1942. 5. 13)에서는 '하숙방(下宿房)'으로, 「쉽게 씌어진 시(詩)」(1942. 6. 3)에서는 '육첩방(六疊房)'으로 다시 등장한다. "윤동주의 하숙방은 현재의 타카다노바바(高田馬場) 역(驛) 앞이었다는 것"[78]이 최근의 조사에서 밝혀졌거니와, 이 하숙방이야말로 도쿄 시절의 시편들을 탄생시킨 소중한 공간이었던 것이다. 이제, 「쉽게 씌어진 시(詩)」(1942. 6. 3)를 읽어 보자.

창(窓) 밖에 밤비가 속살거려
육첩방(六疊房)은 남의 나라,

시인(詩人)이란 슬픈 천명(天命)인 줄 알면서도
한 줄 시(詩)를 적어 볼까,

땀내와 사랑내 포근히 품긴
보내주신 학비봉투(學費封套)를 받아

대학 노―트를 끼고
늙은 교수(敎授)의 강의(講義) 들으러 간다.

생각해 보면 어린 때 동무를
하나, 둘, 죄다 잃어버리고

나는 무얼 바라
나는 다만, 홀로 침전(沈澱)하는 것일까?

인생(人生)은 살기 어렵다는데
시(詩)가 이렇게 쉽게 씌어지는 것은
부끄러운 일이다.

육첩방(六疊房)은 남의 나라,
창(窓) 밖에 밤비가 속살거리는데,

등불을 밝혀 어둠을 조금 내몰고,
시대(時代)처럼 올 아침을 기다리는 최후(最後)의 나,

나는 나에게 작은 손을 내밀어
눈물과 위안(慰安)으로 잡는 최초(最初)의 악수(握手).

시인은 먼저, 자신의 일상을 서술한다. '나'는 부모님이 보내주신 학비봉투를 받아 '늙은 교수'의 강의를 들으러 간다.

무얼 바라는지도 알지 못하면서, 홀로 일상성의 늪에 가라앉아 가고 있다.

윤동주가 다니던 당시의 릿쿄대학은 기독교 정신이 전면 부정되고 있는 상태였다. 1941년 가을에 이 대학으로 배속된 동부군 사령부 소속의 육군대좌 이이지마(飯島信之)는 "기독교를 매우 혐오하여 '나는 예수가 너무 싫다'고 공공연히 말하고 다니며 문학부도 문약부(文弱部)라고 비난했다."[79]

릿쿄대학은 미국인이 세운 미션계 학교이므로, "제5열(스파이)이 있을 가능성이 높기 때문에 철저하게 대학 안을 변혁한다는 것이 그의 주장이었다."[80] 학생들에게 단발령도 실시했는데, "대학 구내에서까지 군복 차림의 군인들이 활개를 쳤던 시대로 단발령에 응하지 않는 학생들에게는 가위를 들고 쫓아다녔다는 증언도 남아 있다."[81]

1942년 말에는 결국, 기독교 정신이 아닌 소위 황도 사상에 따라 교육한다는 식으로 학칙을 개정하게 된다.[82] 배속 장교가 '문약부(文弱部)'라고 비난했던 문학부(文學部)는 징집연기의 철폐로 학생들이 거의 없어져 가다가 결국에는 폐쇄되고 만다.[83] 이런 사정이니, 릿쿄대

릿쿄대학 시절의 윤동주

학에 다니는 동안 시인이 겪었을 마음의 고통은 얼마나 큰 것이었을까?

그래서 시인은 홀로 '침전(沈澱)'하고 있다고 썼으리라. 동무들마저 잃어버린 외로움 속에서, 자신의 생명이 하릴없이 마모되어 간다고 느꼈던 것이리라. 하지만, 그저 하릴없이 '침전'하는 것은 살기 어려운 인생을 쉽게 사는 것이다. 그리고 그렇게 쉽게 사는 인생에서는 시도 쉽게 씌어진다. 아, 이것은 실로 부끄러운 일이다!

시인은 이제, 부끄러움 속에서, 부끄러움의 힘으로, 자신의 선 존재를 걸고, 「쉽게 씌어진 시」를 써 나간다. 여기서, 이 시 제목의 반어적 의미가 우리의 가슴을 찌른다. 「쉽게 씌어진 시」는 결코 '쉽게 씌어진 시'가 아니다!

윤동주 기념실(릿쿄대)

밤비 소리는 "육첩방(六疊房)은 남의 나라"라고 속삭이며, 시인에게 시대적 자아를 일깨우고 있지 않은가? 뿐만이 아니다. 밤비의 속삭임은 "시인(詩人)이란 슬픈 천명(天命)"임을 또한 깨우쳐주고 있다. 하늘의 언어를 번역하는 시인에게 '슬픈 천명'이란 다름 아닌 예언자의 운명인 것이다.

시인은 "등불을 밝혀 어둠을 조금 내몰"기 시작한다. 극도로 첨예해진 시인의 의식이 내면의 어둠을 쫓아내고 있는 것이다. 시인은 마침내 '시대(時代)처럼 올 아침'을, 즉 아침처럼 올 새로운 시대를 기다리는 '최후(最後)의 나'에 도달한다. 이 '최후의 나'는 죽음을 감당하려는 시대적 자아인 동시에, 순교를 기다리는 종교적 자아이다.

여기에 이르러, 시인은 자기 자신에게 악수를 청한다. "나는 나에게 작은 손을 내"미는 것이다. 앞의 '나', 작은 손을 내미는 나는 세속적 자아이고, 뒤의 '나', 그 작은 손을 잡는 나는 영적 자아이다. 세속적 자아는 영적 자아 앞에서 '눈물'을 흘리고, 영적 자아는 세속적 자아에게 '위안'의 말을 전하는 것이다.

'눈물'은 참회의 표현이다. 시인은 자기 자신이 어쩔 수 없는 죄인임을 '눈물'로써 고백하는 것이다. '눈물'이 있어야 '위안'도 있다. '눈물'로 참회해야 영적 자아에게 손을 내밀 수 있는 것이며, 그럴 때에야 영적 자아는 '위안'으로 그 손을 잡아줄 수 있는 것이다.

최후라야 최초이다. 죽어야 산다. 옛 자아의 끝이라야, 새 자아의 시작이다. '눈물'에 이어지는 '위안'이라야 구원이 된다. 이 시의 마지막 대목은 시간과 영원의 접점(接點), 영원이 시간을 뚫고 내려온 지점이다. 마침내 여기에 이르러, 시대적 자아와 종교적 자아는 온전한 일치를 이룬다. 시인은 '천명(天命)'을 받아들이면서, 고요한 평화 속에 머문다.

10 묵시 默示

윤동주는 1942년 여름 방학 때, 그의 고향인 북간도 용정으로 돌아온다. 고향을 다녀간 마지막 발걸음이다. 이때 동생들에게, "우리말 인쇄물이 앞으로 없어질 것이니 무엇이나, 심지어 악보까지라도 사서 모으라"[84]고 당부한다.

윤동주는 1942년 10월 1일, 이번에는 교토(京都)에 있는 도시샤(同志社) 대학 영문과에 입학한다. 도시샤 대학은 1874년

윤동주 시비(도시샤대) –「서시」

니지마(新島襄)가 미국 유학 뒤 귀국하여 설립한 학교이다. 니지마는 "미국 회중교회계의 일본 전도단체인 '아메리칸 보드(American Board)'의 선교사 신분이었다. 이 선교단체는 일본에서 조합교회를 형성"[85)]하였다.

도시샤 대학 역시 일본 제국주의로부터 기독교 신앙을 지켜내지 못했다. 1940년 11월 27일의 상무이사회에서, '재단법인 동지사 기부행위(財團法人同志社寄附行爲)'가 대폭적으로 고쳐졌다. "본 재단이 유지하는 학교는 기독교로써 덕육의 바탕을 삼는다"고 강조했던 제4조를 "본 법인이 유지하는 학교는 황국민(皇國民)의 연성(錬成)을 목적으로 하여 이에 적합한 기독교 정신을 택하여 덕육에 기여한다"로 개정했던 것이다.[86)]

황국민의 연성에 적합한 기독교 정신이라는 것은 이미 기독교 정신이 아니다. 이 시기의 일본 기독교가 "국책에 협력하는 형태로 존재를 인정받는 일 이외에는 아무것도 하지 못한 것"[87)]처럼, 도시샤 대학 역시 전시 동원체제 속에서 기독교 정신을 잃어버리고 말았던 것이다. 설립자 니지마의 동제(銅製) 흉상(胸像)이 금속회수령(金屬回收令)에 따라 1945년 2월 공출되었던 것이[88)] 이런 사정을 웅변적으로 말해준다.

교토 시절, 윤동주의 거주지는 사쿄쿠 다나카다카하라쵸(左京區田中高原町) 다케다(武田) 아파트였다. "다케다(武田) 아파

윤동주 시비(다케다 아파트 자리 - 교토조형예술대학) -「서시」

트에서 대학까지는 걸어서 20분 남짓한 거리로, 아마도 다카노가와(高野川) 강변길로 가모(賀茂) 대교를 건너서 가는 학교길을 히에이장(比叡山)과 히가시야마(東山) 연봉(連峰)을 바라보면서 오갔을 것이다."[89)]

교토에는 교토대학에 다니는 송몽규가 있었다. 다케다 아파트와 송몽규의 하숙집은 걸어서 5분 거리에 있었다. 두 사람은 자주 만나 민족독립의 방책과 민족문화의 발전 방향에 대해 이야기를 나누었을 것이다. 두 사람은 또 고희욱, 백인준, 장성언 등과도 만났다.[90)] 그러나 일본 특고 형사가 이들을 미행하고 있었다. 송몽규는 1943년 7월 10일에, 윤동주는 7월 14일에 일본 특고 경찰에 체포되어, 교토 시모가모(下鴨) 경찰서에 구금된다.

시인은 도시샤 대학에 입학한 지 채 1년이 못되어, 여름 방

시모가모 경찰서

학 동안의 귀향을 앞두고 체포된 것이다. 이때 그동안 써 두었던 그의 작품들이 모두 경찰에 압수된다.

시인은 교토 시절, 더욱 깊어진 신앙 속에서 뛰어난 시들을 썼으리라. 그러나 안타깝게도, 지금은 단 한 편의 시도 찾을 길이 없다. 시인은 시 외에도 많은 글을 썼으리라. 그러나 역시 단 한 편도 전해지지 않는다. 시인은 이제, 강요된 침묵 속에서, 침묵으로만 말한다.

우리는 그 침묵의 소리를 알아들을 수 있을까? 귀 있는 자는 알아들으라고 했거니와, 과연 우리의 귀는 땅거미가 옮겨지는 "발자취 소리를 들을 수 있도록"(「흰 그림자」) 총명했던 시인의 귀처럼, 그 침묵의 언어를 알아들을 수 있을까?

대사를 잃어버린 무언극이다. 그것도 주인공이 무대 뒤에 가려져 있는 무언극이다. 주인공은 희미한 빛처럼 얼핏 나타났다가 이내 사라져 버린다.

묵시(默示)이다. 어떤 표징으로만 드러나는 하늘의 언어이다. 그 표징 너머의 의미를 알아내는 것은 불가능하다. 그것은 인간의 언어가 포착할 수 없는, 그래서 영원히 개념화될 수 없는, 의미를 넘어선 신비에 속하는 것이기 때문이다.

그렇더라도 우리는 시인이 남기고 간 침묵의 언어를 알아들어야만 한다. 아 어쩌면, 시인의 시편들이 압수되어 사라졌다는 그 사실이, 그리하여 폭력적으로 강요된 시인의 침묵 그 자체가, 오히려 더욱 선명한 하늘 언어의 표징이리라. 대체 어떻게 해야, 하늘의 언어를 번역했던 시인의 목소리를, 그 침묵 속에서 건져 올려 들어볼 수 있을까?

여기서 그 준거가 되는 것은 지금까지 살펴온 시인의 시와 신앙이요, 그 영혼의 여정이다. 그 순결한 여정을 마무리해 가는 시인의 마음은 어떤 것이었을까? 여기서 다시, 윤영춘의 이야기를 들어 보자. 시인이 체포되기 7개월 반 전, 1942년에서 1943년으로 넘어가는 한겨울에, 그는 교토에 가서 시인을 만났다.

그날 밤 집에 돌아와 밤이 깊도록 시에 대한 이야기로 일관했다. 독서에 너무 열중해서 얼굴이 파리해진 것을 나는 퍽이나 염려했다. 6조 다다미 방에서 추운 줄 모르고 새벽 두 시까지 읽고 쓰고 구상하고…… 이것이 거의 그날그날의 과제인 모양이다.

(……중략……)

그 다음날이 새해 첫 날, 우리들은 비파호(琵琶湖)로 산책을 떠났다. 쿄오토의 그 높은 봉을 케이블카아에 앉아 넌지시 넘어서 비파호에 이르렀다. 풍경이 하도 좋아 내가 연방 감탄사를 섞어 가며 떠들어도 동주는 이에 대한 반응이 더디었다. 시 한 편이 되어 나오기에 전 심령을 집중시켜 부심하고 있다는 것을 그 당장에서 나는 알았다.[91]

이렇게 탄생한 시편들이 시인의 체포와 함께 모두 압수되어 사라져 버렸다는 사실이 다시금 우리의 가슴을 친다. 윤동주는 체포되기 전에 도시샤 대학의 학우들과 우지강(宇治川)에 놀러 가서 상류에 있는 아마가세(天瀨) 다리 위에서 최후의 사진을 남겼다. 그러나 시를 남길 수는 없었던 것이다.

교토 시절에 썼던 시편들, 이것은 시인의 짧은 생애에서 가장 성숙했던 시기의 작품들이 아닌가? 이 시편들이 사라져 버렸다는 것은 민족적 손실일 뿐만 아니라, 전 인류적 손실이 아닐 수 없다. 이미 살핀 대로, 시인에게 시란 기도 자체

우지강(宇治川)에서의 윤동주

요, 그래서 시인의 시는 시를 넘어선 시인 까닭이다. 시인은 자기 자신을 내어 드리는 간절한 기도를 통해, 시대적 고통과 존재론적 고뇌를 통합해 내고 있었으리라.

태평양 전쟁으로 인해, "전선으로 나가는 출정군인과 부상을 입고 후방으로 이송되어 오는 병정과 전몰 군인의 유골이 상자 속에 안치되어 제 고향으로 돌아가는 광경"[92)]을 도처에서 볼 수 있었던 때이다. 이 어처구니없는 전쟁의 광풍 속에서, 한국인들이 겪었던 수난은 오죽했겠는가? 수많은 한국인(조선인)들이 탄광이나 공장에서 일하면서 감금과 폭행에 시달리고 있었다. 많은 청년들이 전장으로 내몰렸고, 어린 소녀들이 일본군의 성노리개로 끌려갔다. 많은 동포들이 곳곳

에서 처참하게 죽어가고 있었다.[93)]

이런 시국에서, 시인은 일본 특고 경찰에 체포된 것이다. 도쿄에 있던 윤영춘은 윤동주의 피체 소식을 듣고, 부랴부랴 교토로 달려가서 윤동주를 면회한다.

> 취조실로 들어가 본즉 형사는 자기 책상 앞에 동주를 앉히우고 동주가 쓴 조선말 시와 산문을 일어로 번역시키는 것이다. 이보다 훨씬 몇 달 전에 내게 보여준 시 가운데서 가장 좋은 것이라고 생각되어진 시들은 거의 번역한 모양이다. 이 시를 코코게리는 형사가 취조하여 일건 서류와 함께 후쿠오카(福岡) 형무소로 넘긴 것이다. 동주가 번역하고 있던 원고 뭉치는 상당히 부피가 큰 편이었다. 아마도 몇 달 전에 내게 보여 주었던 원고 외에도 더 많은 것이 든 것으로 생각된다. 늘 웃던 그 얼굴은 좀 파리해졌다. 도시락을 꺼내 놓으니 형사는 자기 책상 앞에 놓으며 이제는 시간이 다 되었으니 빨리 나가 달라고 한다.[94)]

취조를 받던 시인의 모습이 비치고 있다. 시인은 한글로 쓴 시와 산문을, "상당히 부피가 큰" 원고를 일본어로 번역하고 있다. 그렇게 강제로 번역시킨 그들은[95)] 그 시와 산문의 뜻을 제대로 이해할 수 있었을까? 시인의 시가 그들을 포함한 "모든 죽어가는 것"에 대한 사랑을 담고 있다는 것을 알기나 했을까?

알 수 없었으리라. 전쟁 수행의 도구로 전락한 그들은 시인의 시와 산문에서 다만 '조선독립'이나 '조선문화'와 연관될 수 있는 구절을 찾아내기에 혈안이 되었으리라. 그들의 눈에, '하늘'이니 '바람'이니 '별'이니 하는 말들은, 그리고 '사랑'이니 '슬픔'이니 '부끄럼'이니 하는 말들은 그저 종이 위에 그어진 잉크 자국에 지나지 않았으리라.

윤동주는 송몽규, 고희욱과 함께 1943년 12월 6일 검사국으로 송국되었다. 그리고 1944년 2월 22일 윤동주는 송몽규와 함께 기소되었다. 두 사람에 대한 공판은 교토 지방재판소에서 열렸는데, 송몽규는 제1형사부 윤동주는 제2형사부

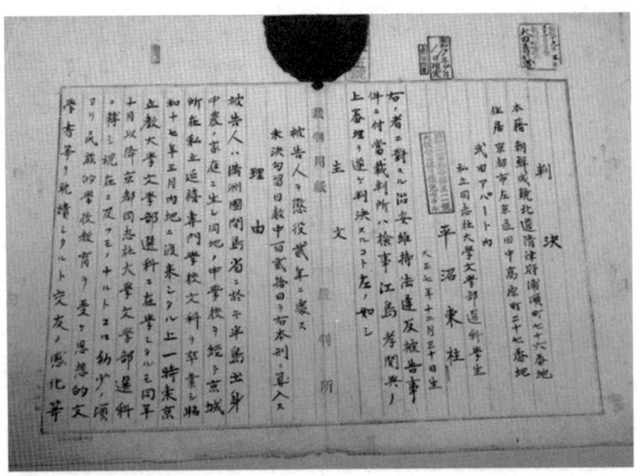
判決

本籍 朝鮮咸鏡北道清津府浦項町七十六番地
住居 京都市左京區田中高原町二十七番地
武田アパート内
私立同志社大學文學部選科學生
平沼東柱
大正七年十二月三十日生

右ノ者ニ對スル治安維持法違反被告事件ニ付當裁判所ハ検事江島孝關與ノ上審理ヲ遂ケ判決スルコト左ノ如シ

主文

被告人ヲ懲役貳年ニ處ス
未決勾留日數中百貳拾日ヲ右本刑ニ算入ス

理由

被告人ハ滿洲國間島省ニ於テ半島出身中農ノ家庭ニ生レ同地ノ中學校ヲ經テ京城所在私立延禧專門學校文科ヲ卒業シ昭和十七年三月内地ニ渡來シタル上一時東京立教大學文學部選科ニ在學シタルモ同年十月以降京都同志社大學文學部選科ニ在學シ現在ニ及ヒタルモノナルトコロ幼少ノ頃ヨリ民族的學校教育ヲ受ケ思想的文學書等ヲ耽讀シタルト交友ノ感化等

윤동주에 대한 판결문

의 공판에 회부되었다.[96)]

윤동주는 1944년 3월 31일에 징역 2년의 형을 선고받는다. 그 뒤, 후쿠오카(福岡) 형무소로 이송되어, 해방되기 6개월 전인 1945년 2월 16일 새벽, 숨을 거둔다. 같이 투옥되었던 송몽규가 옥사한 것은 3월 7일이었다. 민족의 독립과 민족문화의 보존 · 발전을 위해, 그리고 "모든 죽어가는 것" 에 대한 가없는 사랑을 위해, 시와 신앙의 길 가운데서 자신의 '위치(포지션)'(「한란계」)를 지켜냈던 시인이 영원의 품에 안긴 것은 이러하였다.

북간도 용정 집에서 사망통지의 전보를 받은 부친 윤영석은 당시 신경(新京)에 가 있던 윤영춘을 데리고 후쿠오카로 떠

후쿠오카 형무소

난다. 두 사람은 윤동주의 시신을 수습하기에 앞서 송몽규를 면회하는데, 여기서도 윤영춘은 중요한 증언을 남기게 된다.

면회 절차 수속을 밟으며 뒤적거리는 놈들의 서류를 보아한즉 '독립 운동'이라는 글자가 한자(漢字)로 판박혀 있는 것이었다. 옥문을 열고 들어서자 간수는 우리더러 몽규와 이야기할 때는 일본말로 할 것, 너무 흥분된 빛을 본인에게 보여서는 안 된다는 주의를 주었다. 시국에 관한 말은 일체 금지라는 주의를 받고 복도에 들어서자 푸른 죄수복을 입은 20대의 한국 청년 근 50여 명이 주사를 맞으려고 시약실(施藥室) 앞에 죽 늘어선 것이 보였다.

몽규가 반쯤 깨어진 안경을 눈에 걸친 채 내게로 달려온다. 피골이 상접이라 처음에는 얼른 알아보지 못하였다. 어떻게 용케도 이렇게 찾아왔느냐고 여쭙는 인사의 말소리조차 저 세상에서 들려오는 꿈같은 소리였다. 입으로 무어라고 중얼거리나 잘 들리지 않아서 "왜 그 모양이냐"고 물었더니, "저놈들이 주사를 맞으라고 해서 맞았더니 이 모양이 되었고 동주도 이 모양으로……" 하고 말소리는 흐려졌다. 물론 이때는 우리말로 주고받은 것이다. 또다시 내 손목을 붙잡는 몽규의 손길은 뜨거웠다.[97)]

"주사를 맞으려고 시약실 앞에 죽 늘어선" '한국 청년' 50여 명에 겹쳐서, 시인의 모습이 그림자처럼 스쳐 지나간다. 수척해진 시인의 '흰 그림자' 앞에, '한국 청년'들을 생체실험 대상으로 삼았던 일제의 가공할 잔인성이 그대로 느껴진다. 오직 전투력의 증강만을 위해, 전쟁의학의 관점에서 저지른 집단적 광기였던 것이다.

그들은 자기들이 무슨 일을 하는지도 몰랐으리라. 아니, 저 무의식 깊은 곳에서는 알고 있었으리라. 그래서 두려웠으리라. 그 두려움 때문에, 더욱 잔인하게 굴었으리라.

시인을 체포하고 취조했던 형사들, 기소하고 판결했던 검사들과 판사들, 생체실험의 대상으로 삼았던 의사들, 이들은 모두 일본 제국주의가 토해낸 '신체제'니 '대동아공영'이니 하는 강제적 지배담론에, 그리고 그것을 실행하는 범죄조직에 복종한 것이다.

출세욕에 사로잡힌 일부는 앞장서서 적극적으로 나섰으리라. 그저 동료들을 따라 그런 일을 저지르면서, 때때로 심각한 회의에 빠졌던 자들도 있었으리라. 대부분은 깊은 생각 없이, 자기에게 주어진 일이 그런 것이니까, 그냥 직업적으로 거기 가담했으리라.

그저 사무적으로 절차에 따라 하는 일은 죄의식을 반감시킨다. 커다란 기계가 움직이듯 악의 세력이 움직일 때, 개인은 하나의 톱니바퀴에 불과한 것이 되고 만다. 공범자가 많으면 많을수록 개인의 책임은 면제되는 것으로 느껴진다. 한 번 저지른 잘못을 두 번 세 번 거듭하는 동안, 그것이 잘못이라는 의식은 무디어진다.

다시 개인으로 돌아가야 하는 것이다. 스스로 나약한 인간임을 뼈저리게 인식하고, 시인처럼 하느님 앞에 단독자로 서야 하는 것이다. 그러면 그런 가공할 악은 개개인의 안에 드리워져 있는 근원적인 어둠에서 일어난 것임을 알게 된다. 잘나 보이고 싶은 마음, 좀 더 갖고자 하는 욕심, 세상으로부터 소외되는 것에 대한 두려움 따위이다.

이것은 당시 그들만의 문제가 아니라, 오늘의 우리에게도 똑같이 남아 있는 문제이다. 지금 이 순간에도, 얼마나 많은 폭력이 난무하고 있는가? 어떤 종류의 폭력이든, 그것은 우리의 마음에서 비롯된 것이다. 대체 우리 자신 안에 드리워진 어둠의 뿌리는 얼마나 깊은 것일까?

거듭 말하거니와, 정녕 안타깝게도, 시인이 교토 시절에 쓴 시편들은 압수되어 사라지고 없다. 시인에게 강요된 이 침묵은, 지금 우리에게 무엇을 말하고 있는 것일까? 이 침묵은 남겨진 시편들보다 오히려 더욱 그윽한 메시지를 전하고 있는 것은 아닐까? 시인의 침묵 그것은, 시인의 가슴에서 나왔다가 사라진 시편들이, 이제, 우리 모두의 가슴마다에 스며들어 있다는 것을 알려주는 가장 확실한 표징이 아닐까?

그렇다! 우리가 아둔함에서 깨어 양심의 통각을 느끼는 한, 압수된 시편들 역시 우리 안에 살아 있는 것이다. 현재 남아 있는 시인의 시편들과 함께, 우리의 마음속 깊이 어둠을 사르는 불씨로 감추어져 있는 것이다.

그와 동시에, 누구나 머리를 들기만 하면 볼 수 있도록, 저 드높이 펼쳐진 푸른 하늘에 선명히 아로새겨져 있는 것이다. "별이 바람에 스치" 우는(「서시」) 아름다운 밤하늘의 광경으로 남아 있는 것이다.

그래서 우리는 시인의 시를, 압수되어 사라진 작품까지 읽을 수 있는 것이다. 아니, 읽어야만 하는 것이다. 우리도 시인처럼, 자신의 마음을 "가만히 들여다"(「자화상」) 보고, "죽는 날까지 하늘을 우러러"(「서시」) 보아야만 하는 것이다.

닫는 글
- 부활(復活)

윤동주의 장례식은 1945년 3월 6일, 그의 고향 용정 집 앞 뜰에서 거행되었다. 눈보라가 몹시 치던 날이었다. 이 장례식에서, 연희전문 시절 『문우(文友)』에 실렸던 시 「자화상(自畫像)」과 「새로운 길」이 낭독된다.

봄이 오고 단오 무렵이 되자, 시인의 가족들은 '시인윤동주지묘(詩人尹東柱之墓)'라고 새긴 묘비를 세웠다. 윤동주는 가족들로부터 제일 먼저 '시인(詩人)'이라는 칭호를 받은 것이다. 비문은 해사(海史) 김석관(金錫觀)이 썼다. "순 한문 3백 자 정도였는데, 옥사했다는 사실을 밝힐 수 없는 때여서, 조롱(鳥籠)에 든 새가 때를 만나지 못한 것으로 비유"[98]했다.

드디어 1945년 8월 15일, 해방의 날은 왔다. 학병으로 끌려갔던 정병욱이 살아 돌아오고, 그의 광양 집 마루 밑 땅속에 비밀히 보관되었던 윤동주의 육필 자선시집 『하늘과 바람과 별과 시(詩)』가 밖으로 나왔다. 또한 강처중(姜處重)이 보관하고 있던 시편들도 기지개를 켜기 시작했다.

1947년 2월 13일, 해방 뒤 처음으로 시인의 시 한 편이 햇빛을 보게 된다. 이 날짜 『경향신문』에, 당대의 대시인 정지용(鄭芝溶)의 소개로, 시인이 도쿄에서 쓴 「쉽게 씌어진 시(詩)」가 실린 것이다. 이후 같은 신문 3월 13일자에 「또 다른 고향(故鄕)」이, 7월 27일자에 「소년(少年)」이 잇달아 발표된다.

한편, 1947년 2월 16일 윤동주 서거 2주기를 맞아, 친지들 30여 명이 서울 소공동 플라워 회관에 모여 추모회를 열었다. 그리고 마침내 1948년 1월 30일, 윤동주 유고집 『하늘과 바람과 별과 시(詩)』가 정음사에서 간행된다.

이 초판본 시집에는 정병욱이 보관했던 육필 자선시집의 시고 19편에 강처중이 보관했던 시고 12편을 합친 31편의 시편들이 수록된다. 이로써, 영원의 품에 안겼던 윤동주는 시간 안으로 다시 들어와 이 세상의 '시인(詩人)'으로 부활한 것이다.

초판본 『하늘과 바람과 별과 시』(출처-노마드북)

초판본 유고시집 『하늘과 바람과 별과 시(詩)』의 서문은 정지용이 썼다. 정지용은 이 서문에서, "동(冬) 선달에도 꽃과 같은, 얼음 아래 다시 한 마리 잉어(鯉魚)와 같은 조선(朝鮮) 청년시인(青年詩人)"[99]이라는 절묘한 비유로 시인을 기렸다. 시집 말미에는 유영의 추도시(追悼詩)와 강처중의 발문(跋文)이 실렸다.

이후 1955년 2월 16일 윤동주 서거 10주기를 맞아, 역시 정음사에서 증보 재판 윤동주 시집 『하늘과 바람과 별과 시(詩)』가 발행된다. 이 시집의 '후기(後記)'에서 정병욱은 "우리의 뼈를 저미게 하는 그의 시(詩)는 조국의 문학사를 고치게 하였고, 조국의 문학을 세계적인 물줄기 속으로 이끌어 넣는데 자랑스러운 힘이 되었다."[100] 하고 술회하였다. 이제, 시인은 문학사 위에 부활한 것이다.

1968년 11월 3일 학생의 날을 맞이하여, 명편들의 산실이었던 연희 교정에 연세대학교 총학생회의 이름으로 시비가 세워진다. 시비의 형태는 시인의 동생인 윤일주가 설계했는데, "고인의 고고하면서도 부드럽던 모습"[101]이 나타나도록 하였다. 시비 앞면에는 시인의 친필 모양을 따서, 「서시(序詩)」를 새겨 넣었다.

중판본 『하늘과 바람과 별과 시』(출처-노마드북)

시비 제막식은 11월 2일 거행되었다. 윤영춘(尹永春)의 회고에 따르면, 그날 제막식에는 수백 명이 참석했다. "그날 친척을 대표해서 답례의 인사를 하는 도중에 나(윤영춘-인용자)는 울었고, 수백 명 회중도 다 울었다. 바로 나(윤영춘-인용자)의 옆에 앉으셨던 최현배 선생과 김윤경 선생은 한없이 우셨다."[102] 시비 뒷면에는 다음과 같은 비문이 쓰여 있다.

> 윤동주는 민족의 수난기였던 1917년 독립운동의 거점 북간도 명동에 태어나 그곳에서 자랐고 1938년 봄 이 연희동산을 찾아 1941년에 문과를 마쳤다. 그는 다시 일본으로 건너가 학업을 계속하며 항일 독립운동을 펼치던 중 1945년 2월 16일 일본 후꾸오까 형무소에서 모진 형벌로 목숨을 잃으니 그 나이 29세였다. 그가 이 동산을 거닐며 지은 구슬 같은 시들은 암흑기 민족문학의 마지막 등불로서 겨레의 가슴을 울리니 그 메아리 하늘과 바람과 별과 더불어 길이 그치지 않는다. 여기 그를 따르고 아끼는 학생 친지 동문 동학들이 정성을 모아 그의 체온이 깃들인 이 언덕에 그의 시 한 수를 새겨 이 시비를 세운다.

이 비문은 유영(柳玲)이 쓴 것이다. 그는 "비문 작성의 부탁을 받고 고민과 주저를 마지 못하면서"[103] 마쳤다고 한다. 그는 이 비문에서, 윤동주 시의 영원한 가치를 기렸다. "겨레의

윤동주 시비 뒷면(연세대)

가슴을 울리"는 시의 메아리는 "하늘과 바람과 별과 더불어 길이 그치지 않는다."고 하지 않았나?

단지, 우리 '겨레'의 가슴만 울리겠는가? 시인의 시를 만나는 사람이면 누구나 그의 가슴을 울리는 메아리 소리를 듣게 되리라. 시인의 시편들은 이미, 민족과 국경을 넘어 많은 사람들에게 읽히고 있지 않은가?

이러한 시인의 부활은 놀라움을 넘어 신비롭기까지 하다. 시인의 육필 자선시집 『하늘과 바람과 별과 시(詩)』를 보관해 낸 정병욱은 시비에 새겨진 「서시(序詩)」를 두고, "이 시를 생각할 때마다 동양 사람들이 말하는 '시참(詩讖)' 또는 기독교 성서의 '잠언'을 연상한다."[104]고 하였다.

정병욱의 말이 아니더라도, 시인이 순교를 소망할 때 이미 시인이 부활도 예정되어 있었으리라. 여기서 잠깐, 육필 자선시집 『하늘과 바람과 별과 시(詩)』의 보관 과정과 더불어, 저 청신한 감성의 시 「별 헤는 밤」을 떠올릴 필요가 있지 않을까?

우리는 앞에서, 「별 헤는 밤」을 '예언(豫言)을 담은 예언(預言)'이라고 썼다. 「별 헤는 밤」은 시인의 부활을 미리 말해 둔 하늘의 소리이다. 이 시의 뒷부분(8~10연)을 다시 한 번 읽어 보자.

나는 무엇인지 그리워
이 많은 별빛이 내린 언덕 위에
내 이름자를 써 보고,

흙으로 덮어 버리었습니다.

딴은 밤을 새워 우는 벌레는
부끄러운 이름을 슬퍼하는 까닭입니다.
(1941. 11. 5)
그러나 겨울이 지나고 나의 별에도 봄이 오면
무덤 위에 파란 잔디가 피어나듯이
내 이름자 묻힌 언덕 위에도
자랑처럼 풀이 무성할 게외다.

시인은 원래 이 시를 시작일자가 적혀 있는 곳까지, 그러니까 제9연까지로 완성한 다음 정병욱에게 보여준다. 정병욱은 이 시에 대해, "어쩐지 끝이 좀 허한 느낌이 드네요."[105] 하고 말했고, 시인은 정병욱의 이 충고에 따라 나중에 제10연을 더 써넣게 된다.[106]

그런데 그 마지막 넉 줄의 추가로, 이 시는 그야말로 놀라운 힘을 지니게 된다. 정히, 예언(豫言)을 담은 예언(預言)이 된 것이다. 제10연이 추가됨으로써, 이 시는 시인의 순교만이 아니라 부활까지 말하게 된 까닭이다. 여기에 더해, 정병욱은 시인의 육필 자선시집을 해방될 때까지 보관해 냄으로써, 실제로 시인의 부활에 결정적인 역할을 하게 된다.

육필시집 보관 가옥(전남 광양시)

시인이 교토에서 체포된 반 년 뒤, 정병욱은 연희전문 졸업과 동시에 학병으로 끌려가야 하는 처지가 된다. 그러자 정병욱은 시인의 육필 자선시집 『하늘과 바람과 별과 시(詩)』를 가지고 전남 광양의 집으로 내려가서, 어머니에게 이 시집을 "나나 동주가 살아서 돌아올 때까지 소중히 잘 간수하여 주십사고 부탁"[107]드린다.

아들의 부탁을 받은 어머니는, 놀랍게도, 이 시집을 마루 밑 땅속에 고이 묻어둔다. "마루널 아래 땅을 깊이 파서 그 속에 짚을 깐 다음 큰 독을 들여놓"[108]고, 그 독 속에 시인의 육필 자선시집을 보관했던 것이다. 드디어 해방이 되자, 학병으로 끌려갔던 정병욱은 "가까스로 사경을 벗어나 밀선으로 현해탄을 건너"[109] 돌아왔다. 그리하여 육필 자선시집 『하늘과 바람과 별과 시』는 세상으로 나와 햇빛을 보게 된다.

이렇게 해서, 시세계 안의 순교와 부활이 시세계 밖에서 그대로 실현된 것이다. 「별 헤는 밤」의 '나'(시인)가 언덕 위에 '내 이름자'를 써 보고 흙으로 덮어버렸듯이, 이 시가 수록된 육필 자선시집 역시 마루 밑 땅속에 깊이 감추어졌다. 겨울이 지나고 봄이 오면 무덤 위에 파란 잔디가 피어나리라고 한 시인의 말 그대로, 일제가 물러가고 해방이 되자 육필 자선시집이 밖으로 나와 햇빛을 보게 되었다. '내 이름자' 묻힌 언덕 위에 '자랑'처럼 풀이 무성할 것이라는 시인의 예언대로, 시인의 죽음을 딛고 시집이 출판되어 시인의 이름이 온 세상에

육필시집 보관 장소(전남 광양시)

알려졌다.

아, 놀라운 일치여! 시인이 「별 헤는 밤」에서 자신의 이름자를 흙으로 덮고 그에 대해 말한 내용과 그 시가 실린 육필 자선시집이 땅속에 보관되었다가 출판되어 널리 알려진 과정이 어쩌면 이렇게 똑같을 수 있단 말인가? 인간의 사고능력으로는 합리적 설명이 불가능한 대목이 아닐 수 없다. '신앙의 신비'라는 말 말고, 이를 달리 어떻게 표현할 수 있으랴!

그렇다. 이 놀라운 일들은 「별 헤는 밤」이라는 시의 힘으로 일어난 것이다. 「별 헤는 밤」만이 아니라, 육필 자선시집에 실린 시 19편의 힘으로 일어난 것이다. 시의 힘만이 아니라, 그리고 사람의 힘만이 아니라, "비둘기, 강아지, 토끼, 노새, 노루"에 이르기까지, 「별 헤는 밤」에서 시인이 불러본 그리운 이름들 모두의 힘으로 일어난 것이다.

뿐만이 아니다. 여기에는 이루 다 헤아릴 수 없는, 아마 시인도 미처 일일이 헤아리지 못했을 수많은 가난한 사람들, 수많은 여린 생명들의 간절한 마음이 깃들어 있으리라. 그 간절한 마음이란 기도의 다른 이름이 아니겠는가? 사랑과 평화를 향한 그 간절한 마음들이 모이고 모여 하늘에까지 사무친 것이리라.

윤동주 연보

1917년 12월 30일	북간도 명동촌에서 출생.
1925년	명동소학교 입학.
1931년	명동소학교 졸업. 화룡현립 제일소학교에 편입하여 1년간 수학.
1932년	용정의 은진중학교에 입학.
1935년 9월 1일	평양 숭실중학교 3학년 2학기에 편입.
1936년 3월 말	숭실중학교 자퇴. 용정의 광명학원 중학부 4학년에 편입.
1938년	광명중학교 졸업. 서울 연희전문학교 문과에 입학.
1939년	조선일보 학생란에 수필 〈달을 쏘다〉 발표.
1940년	이화여전 구내의 협성교회에 다니며, 영어 성서반에 참석.
1941년	종로구 누상동에서 하숙 생활. 12월 27일, 연희전문학교 졸업.
1942년 4월 2일	도쿄 릿쿄대학 문학부 영문과에 입학. 10월 1일, 교토 도시샤대학 영문과에 입학.
1943년 7월 14일	독립운동 혐의로 검거됨.
1944년 3월 31일	교토지방재판소에서 징역 2년형을 받음.
1945년 2월 16일	후쿠오카 형무소에서 사망. 유해는 화장, 유골을 수습하여 3월 6일, 용정 동산의 교회 묘지에 안장.
1947년 2월 16일	서울 소공동 '플라워 회관' 에서 첫 추도회.
1948년 1월	유고시집 『하늘과 바람과 별과 시』를 간행.

작품 연보

1934년 「초 한 대」(12. 24), 「삶과 죽음」(12. 24), 「내일은 없다」(12. 24)

1935년 「거리에서」(1. 18), 「창공(蒼空)」(10. 20)

1936년 「황혼(黃昏)」(3. 25), 「가슴 1」(3. 25), 「가슴 2」(3. 25), 「이런 날」(6. 10), 「양지쪽」(6. 26), 「산림(山林)」(6. 26), 「가슴 3」(7. 24)

1937년 「한란계(寒暖計)」(7. 1), 「그 여자」(7. 26), 「야행(夜行)」(7. 26), 「빗뒤」(7. 26), 「비애(悲哀)」(8. 18), 「명상(瞑想)」(8. 20), 「유언(遺言)」(10. 24)

1938년 「새로운 길」(5. 10), 「어머니」(5. 28), 「가로수(街路樹)」(6. 1), 「비오는 밤」(6. 11), 「사랑의 전당(殿堂)」(6. 19), 「이적(異蹟)」(6. 19), 「아우의 인상화(印象畵)」(9. 15), 「코스모스」(9. 20), 「슬픈 족속(族屬)」(9)

1939년 「달같이」(9), 「장미(薔薇) 병들어」(9), 「투르게네프의 언덕」(9), 「산골물」, 「자화상(自畵像)」(9), 「소년(少年)」

1940년 「팔복(八福)」, 「위로(慰勞)」(12. 3), 「병원(病院)」

1941년 「무서운 시간(時間)」(2. 7), 「눈 오는 지도(地圖)」(3. 12), 「태초(太初)의 아침」, 「또 태초(太初)의 아침」(5. 31), 「새벽이 올 때까지」(5), 「십자가(十字架)」(5. 31), 「눈 감고 간다」(5. 31), 「못 자는 밤」, 「돌아와 보는 밤」(6), 「간판(看板) 없는 거리」, 「바람이 불어」(6. 2), 「또 다른 고향(故鄕)」(9), 「길」(9. 31), 「별 헤는 밤」(11. 5), 「서시(序詩)」(11. 20), 「간(肝)」(11. 29)

1942년 「참회록(懺悔錄)」(1. 24), 「흰 그림자」(4. 14), 「흐르는 거리」(5. 12), 「사랑스런 추억(追憶)」(5. 13), 「쉽게 씌어진 시(詩)」(6. 3), 「봄」

미주

1) 서굉일, 『일제하 북간도 기독교 민족운동사』, 한신대학교 출판부, 2008, p.108.
2) 이명화, 「북간도 한인사회의 기독교 수용과 명동교회」, 고병철 외, 『간도와 한인종교』, 한국학중앙연구원, 2010, p.118.
3) 문영금 문영미 엮음, 『기린갑이와 고만네의 꿈 - 문재린 김신묵 회고록』, 삼인, 2006, p.404.
4) 이 가사는 "김신묵(문익환의 어머니)의 기억에 따라 복원한 명동학교 교가를 문재린(문익환의 아버지)이 일기장 들머리에 적어 놓"은 것이다. 위의 책, p.431에 수록된 문재린의 육필 사진 참고.
5) 송우혜, 『윤동주 평전』, 푸른 역사, 2004, pp.78~79.
6) 문익환, 「하늘 · 바람 · 별의 시인 윤동주」, 『월간중앙』, 1976. 4, pp.306~307.
7) 김정우, 「윤동주의 소년 시절」, 『나라사랑』23, 1976. 여름, p.117.
8) 위의 글, pp.117~118.
9) 김정우는 이어서, 기독교 마을로서의 명동촌을 다음과 같이 회고한다. "우리는 주일학교도 같이 다니었으며, 구주 성탄 때는 교회당이 가까운 그(윤동주)의 집에서 새벽송 준비를 하고 밤샘을 하며 꽃종이를 준비하곤 했다. 옷을 투툼하게 껴입고 벙거지를 뒤집어쓰고 개가죽 버선을 신고 새벽 눈길을 걸어 다니며 찬송가를 부르던 것을 생각하면 지금도 한없이 기쁘다." 위의 글, p.119.
10) 그러나 시인의 소년 시절이 마냥 아름답기만 했던 것은 아니다. 1920년의 '경신대참변' 이후 지속된 일제의 만행, 그리고 1920년대 후반부터 불어 닥친 사회주의 열풍 속의 혼란과 갈등은 어린 시인의 마음에 크고 작은 상처들로 각인되었을 것이다.
11) 김정우, 앞의 글, p.121.
12) 문익환, 「동주, 내가 아는 대로」, 『문학사상』, 1973. 3, p.304.

13) 1984년부터 이 학교에 교사로 근무하는 김홍기(金鴻基)에 따르면, 이 학교는 중국인 학교가 아니라 원래부터 조선족 학교로 설립되었는데 한족(漢族) 학생들도 다닐 수 있었다고 한다. 1999년에 지신소학교, 지신중학교, 명동소학교를 통합하는 형식으로 '지신명동학교'라고 이름 지어 오늘에 이르고 있으며, 따라서 명동학교의 개교일인 1908년 4월 27을 이 학교의 개교일로 잡고 있다고 한다. 류양선, 「아름다운 별, 아름다운 이름」, 『다시올문학』 2009. 봄, pp.206~207 참고.

14) 후술될 터이지만 시인이 「별 헤는 밤」을 쓰게 된 계기가 창씨개명 문제와 연결되어 있다고 할 때, 이 시의 제5연에 나오는 중국 소녀들의 이름('佩', '鏡', '玉')은 중국식 발음으로 '페이', '찡', '위'라고 읽어야 할 것이다. 박은희(朴銀姬)는 한국에서 '패', '경', '옥'으로 읽는 것을 따라 일본에서 'ペエ', 'ギョン', 'オク'라고 읽는 것의 문제점을 지적하면서, 'ペイ', 'チン', 'ウィ'로 읽어야 한다고 말하고 있다. 朴銀姬, 「尹東柱再考 - 滿洲時代の詩を中心に -」, 『阪大比較文學』5, 2008. 3, p.30.

15) 박주신, 『간도한인(間島韓人)의 민족교육운동사』, 아세아문화사, 2000, pp.56~57.

16) 서굉일, 동암 편저, 『간도사신론』, 우리들의 편지사, 1993, pp.88~89.

17) 서굉일, 「일제하 북간도지역 민족운동과 기독교(1906~1921)」, 『북간도 한인의 삶과 애환, 그리고 문화 - 명동학교 100주년 기념 국제학술대회 발표논문집』, 국립민속박물관, 2008. 4, p.214.

18) 허청선 강영덕 주편, 『중국 조선민족 교육사 자료집 1』, 연변교육출판사, 2002, p.352.

19) 위와 같음.

20) 이명화, 앞의 글, p.111.

21) 문익환, 「하늘 · 바람 · 별의 시인 윤동주」, 앞의 책, p.310.

22) 위의 글, p.311.

23) 송몽규에 대해서는 송우혜, 앞의 책, p.131 이하 참고.

24) 숭실 100년사 편찬위원회, 『숭실 100년사 - 평양 숭실』, 숭실학원,

1997, p.53.

25) 위의 책, pp.58~59.

26) 위의 책, p.189.

27) 한국기독교역사연구소, 『한국 기독교의 역사 2』, 기독교문사, 2010, p.289.

28) 숭실 100년사 편찬위원회, 앞의 책, p.461 이하 참고.

29) 위의 책, p.357.

30) 송우혜, 앞의 책, p.204.

31) 허청선 강영덕 주편, 앞의 책, pp.347~348.

32) 위의 책, p.349.

33) 문익환, 「하늘 · 바람 · 별의 시인 윤동주」, 앞의 책, p.312.

34) 위와 같음.

35) 시인의 육필 원고를 보면, "싸늘한 대리석(大理石) 기둥에"는 원래 "학교출입구(學校出入口) 대리석(大理石) 기둥에"라고 썼던 것을 고친 것이다. 왕신영 외 편, 『사진판 윤동주 자필 시고전집(증보판)』, 민음사, 2002, - 이하, 『사진판 전집』이라고만 한다 - p.73에 수록된 육필 사진 참고.

36) 원두우는 연희전문학교를 설립하기 위해 미국을 왕래하며 모금운동을 하고, 다른 교파의 지도자들을 만나 협력을 구하는 등의 활동을 한다. 그러나 과로로 인해 몸이 쇠약해져서 1916년 2월 미국에서 영면하게 된다. 이에 대해서는 안영로, 『한국교회의 선구자 언더우드』, 쿰란출판사, 2004, p.126 이하 참고.

37) 장덕순, 「윤동주와 나」, 『나라사랑』 23, 1976. 여름, p.144.

38) 위의 글, pp.143~144.

39) 윤일주, 「윤동주의 생애」, 『나라사랑』 23, 1976. 여름, p.158.

40) 일제의 민족말살정책은 한국인(조선인)을 무리 없이 전쟁에 동원하기 위한 그들 나름의 방책에서 비롯된 것이었다. "식민통지 이데올로기로서 작용하였던 내선일체의 성과에 기초하여 이제 조선도 일본이라는, 곧 '조선'과 '조선인'을 무(無)로 돌리고 오직 '일본'과 '일본인'

임을 강조하기 시작한" 것인데, 이는 "대동아전쟁 완승을 위하여 조선에 요구되는 전력을 최대한 발휘하는 관건이 된다는 긴박한 필요에서 나온 인식과 시책의 변화였다." 전상숙, 「일제 군부파시즘체제와 '식민지 파시즘'」, 방기중 편, 『일제 파시즘 지배정책과 민중생활』, 혜안, 2004, p.57.

41) 윤동주의 어릴 적 친구였던 김정우는 "이 시를 읽을 때마다 머릿속에 구름처럼 떠오르는 생각은 주일날 교회당으로 예배를 보러 오시는 할머님・어머님들의 광경"이라고 하면서, "예배가 끝나고 교회당 뜨락에서 하얀 머릿수건을 두르고 하얀 치마저고리를 입은 시골 부인네들이 모여 오순도순 함경도 사투리로 이야기하고 있었던 그 순박한 모습에서 얻어진 심상이, 일제에 대한 백의(白衣) 동포의 슬픔을 읊게 된 원천이 되었을 것"이라고 하였다. 김정우, 앞의 글, p.119.

42) 송우혜, 앞의 책, p.253.

43) 윤동주, 「달을 쏘다」, 왕신영 외 편, 『사진판 전집』, p.296.

44) 송우혜, 앞의 책, p.275.

45) 윤동주, 「화원에 꽃이 핀다」, 왕신영 외 편, 『사진판 전집』, p.302.

46) 윤동주의 이 수필은 그런 갈등 속에서 교수들에게 항의하는 성격을 띤 글이다. 이에 대한 상세한 논의는 류양선, 「윤동주의 「병원」 분석」 (『한국현대문학연구』, 2006, 6) 참고.

47) 「자화상(自畵像)」은 이 잡지에 '우물 속의 자상화(自像畵)'라는 제목으로 실려 있다. 강처중 편, 『문우(文友)』, 연희전문학교 문우회 문예부, 1941. 6, p.89.

48) 연세대학교 백년사 편찬위원회, 『연세대학교 백년사 1』, 연세대학교 출판부, 1985, p.268.

49) 위의 책, p.269.

50) 위와 같음.

51) 유영, 「연희전문 시절의 윤동주」, 『나라사랑』23, 1976. 여름, p.127.

52) 정병욱의 회고에 따르면, 윤동주는 산책 도중 "가냘픈 꽃이 핀 이상한 풀이 있으면 곧잘 꺾어서 단초궁게(단추 구멍에 - 인용자) 꽂았다."고

한다(정병욱, 「고(故) 윤동주 형의 추억」, 『연희춘추』, 1953. 7. 15). 이 시에서 '여자'가 금잔화 한 포기를 따서 가슴에 꽂은 것은 시인의 그런 행위가 이 시에서 '여자'에게 옮겨 나타난 것으로 볼 수 있다. 또한 역으로, 평소 시인의 그런 행위에 어떤 의미가 깃들어 있는지 이 시를 통해서 짐작해 볼 수 있다.

53) 정병욱, 「동주형의 추억」, 『국문학산고(國文學散藁)』, 신구문화사, 1959, p.340.

54) 조선일보에 실렸던 정병욱의 글은 「뻐꾸기의 전설」이라는 수필이다. 이 수필은 정병욱, 『백영 정병욱 저작전집 8 - 인생과 학문의 뒤안길』(신구문화사, 1999)에 수록되어 있다. 정병욱은 후일 윤동주의 육필 자선시집 『하늘과 바람과 별과 시』를 보관했다가 세상에 전하는 중요한 역할을 하게 된다. 앞서 송몽규와의 관계가 시인의 순교와 관련하여 운명적 모습을 띤다면, 정병욱과의 만남은 시인의 부활과 관련하여 깊은 의미를 지닌다고 할 것이다.

55) 정병욱, 「잊지 못할 윤동주 형」, 『바람을 부비고 서있는 말들』, 집문당, 1980, p.17.

56) 위의 글, p.18.

57) 위와 같음.

58) 여기서 '연성(鍊成)'이라는 말은 "황국신민으로서의 자질을 연마 육성"한다는 뜻으로, 총력전체제 하의 모범적 인간형 양성을 위해 사회의 모든 부문에서 줄곧 사용되었는데, '외지인'이자 '비국민'의 성격이 강했던 한국인에 대해 더 자주 사용되었다. 변은진, 『파시즘적 근대체험과 조선민중의 현실인식』, 선인, 2013, p.53.

59) 페리 D 르페브르 엮음, 이창승 옮김, 『키에르케고르의 기도』, 기독교연합 신문사, 2004, p.287.

60) 윤일주, 앞의 글, p.159.

61) 문익환, 「동주형의 추억」, 윤일주 엮음, 『윤동주 전시집 - 하늘과 바람과 별과 시(詩)』, 정음사, 1986, p.215.

62) 페리 D 르페브르 엮음, 이창승 옮김, 앞의 책, p.266.

63) 정병욱, 「잊지 못할 윤동주 형」, 앞의 책, p.18.

64) 여기서 '자랑' 이라는 말은 세상 사람들의 눈에 비치는 자신에 대한 자랑이 아니라, "그리스도 안에 삶으로써 하느님 눈에 비쳐지는"(주교회의 성서위원회 편찬, 임승필 번역, 『신약성서 새 번역 6 - 로마서 · 고린토 1 · 2서』, 한국천주교중앙협의회, 2005, p.153.) 자신에 대한 자랑이라는 뜻으로 이해된다.

65) 정병욱, 「잊지 못할 윤동주 형」, 앞의 책, p.23.

66) 윤일주, 앞의 글, p.160.

67) 김혜윤, 『모세오경 - 쉽게 풀어쓴 구약 성경, 그 첫 번째』, 생활성서사, 2011, p.179.

68) 위와 같음.

69) P. 로싸노 외 편, 임승필 외 역, 『새로운 성경 신학사전』, 바오로딸, 2011, p.2311.

70) 칠칠절 및 초막절과 관련된 초판 77부의 의미와 육필 자선시집의 제물로서의 성격에 대한 좀 더 상세한 논의는 류양선, 「하늘에 올리는 제물 - 육필 자선시집 『하늘과 바람과 별과 시』」(『다시올문학』, 2013. 겨울) 참고.

71) 이에 대해서는 연세대학교 백년사 편찬위원회, 앞의 책, p.270 이하 참고.

72) "주님께 바라는 이들은 새 힘을 얻고 / 독수리처럼 날개 치며 올라간다. / 그들은 뛰어도 지칠 줄 모르고 / 걸어도 피곤한 줄 모른다."(이사 40,31)

73) 시인이 이 시의 맨 끝에서, "불 도적한 죄로 목에 맷돌을 달고 / 끝없이 침전(沈澱)하는 프로메테우스"라고 쓴 것은 프로메테우스가 받는 징벌을 성경적 의미로 변용시킨 것으로 이해된다. 그것은 믿음이 약한 사람들을 걸려 넘어지게 하는 죄에 대한 징벌이다. "나를 믿는 이 작은 이들 가운데 하나라도 죄짓게 하는 자는, 연자매를 목에 달고 바다 깊은 곳에 빠지는 편이 낫다."(마태 18,6)

74) 왕신영 외 편, 『사진판 전집』, p.176에 수록된 육필 사진 참고.

75) 윤인석, 「큰아버지의 유고와 유품이 연세에 오기까지」, 『다시올문학』, 2013, 겨울, p.268.

76) 윤영춘, 「명동촌에서 후쿠오카까지」, 『나라사랑』23, 1976, p.110.

77) 김정우의 회고에 따르면, 그가 동경에서 공부하던 1942년 봄, 윤영춘으로부터 윤동주와 송몽규가 YMCA 회관의 자기 방에 투숙하고 있다는 소식을 듣고 급히 뛰어가 만났다고 한다. 그런데 이때 윤동주가 그에게 "다윗의 시를 많이 읽으라는 충고도 해 주었다." 고 한다. (김정우, 앞의 글, p.121.) 이로 미루어 이즈음 윤동주는 시편에 심취해 있었던 듯하다. 이 시의 마지막 연에서 "신념(信念)이 깊은 의젓한 양(羊)처럼 / 하루 종일 시름없이 풀포기나 뜯자." 고 한 것은 시편 23장에서 그 발상을 얻은 것으로 보인다. "주님은 나의 목자, 나는 아쉬울 것 없어라." (시편, 23,1)

78) 楊原泰子, 「東京時代の 尹東柱(二)」, 『はぬるはうす(하늘하우스)』, 2012. 6, p.26.

79) 야나기하라 야스코, 이은정 역, 「시인 윤동주, 동경 시대의 하숙과 남겨진 시」, 『다시올문학』 2013, 겨울, p. 183.

80) 위와 같음.

81) 위와 같음.

82) 海老澤有道 編, 『立教學院百年史』(學校法人 立教學院, 1974)에는 다음과 같이 기술되어 있다, "이해(1942년) 9월 29일의 학원이사회는 결국 기부행위 제2조의 '기독교주의에 바탕을 둔다' 는 구절을 말소하고, '황국(皇國)의 도(道)에 의한 교육을 시행함을 목적으로 하여, 학교령에 의해 릿교대학 및 릿교중학교를 경영 유지한다' 고 개정하고, 이어서 12월 8일에는 릿교대학 학칙도 이와 같이 개정해야 했던 것이다." p.371.

83) 당시 릿교대학의 학내 상황에 대한 상세한 내용은 위의 책, p.362 이하 참고.

84) 윤일주, 앞의 글, p.160.

85) 하라 마코토, 서정민 옮김, 『전시하 일본기독교사』, 한들출판사, 2009.

p.195.

86) 上野直藏 編, 『同志社百年史 - 通史編 二』, 學校法人 同志社, 1979, p.1165.

87) 하라 마코토, 서정민 옮김, 앞의 책, p.33.

88) 上野直藏 編, 앞의 책, p.1208.

89) 한석희, 「한 점 부끄럼이 없기를 - 윤동주 시비(詩碑) 건립에 부쳐」, 이누가이 미쯔히로 외, 고계영 옮김, 『일본 지성인들이 사랑하는 윤동주』, 민예당, 1998, p.30.

90) 일본 특고경찰의 기록과 경도지방재판소의 판결문 참고. 특고경찰의 기록과 재판소의 판결문에 대한 상세한 내용은 송우혜, 앞의 책, p.401 이하 참고. 특고경찰의 기록과 재판소의 판결문을 잘 읽어 보면, 주목할 만한 사항 두 가지가 있다. 그 하나는 징병제도를 역이용하여 전투력을 길러 두었다가 결정적인 시기에 일제히 봉기하여 독립을 쟁취한다는 것이다. 다른 하나는 민족문화를 보존하고 발전시키는 데 온 힘을 기울여야 한다는 것이다. 그런데 이 둘은 당시의 많은 소규모 비밀결사에 퍼져 있던 독립운동의 방략이었다.(변은진, 앞의 책, p.292 이하 및 p.447 이하 참고).

91) 윤영춘, 앞의 글, p.111.

92) 위와 같음.

93) 일제 말기 한국인들의 수난에 대해서는 정혜경, 『조선 청년이여 황국신민이 되어라 - 식민지 조선, 강제동원의 역사』, 서해문집, 2010, 참고.

94) 윤영춘, 앞의 글, p.113.

95) 당시 윤동주의 체포, 재판, 옥사 등과 관련된 일들을 추적한 이부키 고우(伊吹鄕)는 1982년 8월 중순 "윤동주에게 일기와 작품을 일본어로 번역시켰다는"(伊吹鄕, 윤일주 역, 「시대(時代)의 아침을 기다리며(下)」, 『문학사상』, 1985, 4, p.301) 특고형사 고오로기(興梠)를 찾아 39년 전 윤동주의 검거와 문초에 대해 물었으나, 그는 기억에 없다는 말만 되풀이했다고 한다. "기력도 체력도 쇠진하여 기억도 모호해지고

혼란에 빠진 듯도 하였으나, '말하고 싶지 않다'고 보여지기도 하고, 또 겁먹고 있는 듯도 하였다."(위와 같음)는 것이다.

96) 콘다니 노부코 · 미즈노 나오키 · 안자이 이쿠로, 박은희 역, 「'시인 윤동주 기억과 화해의 비석' 건립운동의 현상과 공개된 재판자료의 의미에 관하여」, 『다시올문학』 2013, 겨울, p.140.

97) 윤영춘, 앞의 글, pp.113~114.

98) 윤일주, 앞의 글, p.162.

99) 정지용의 「서문(序文)」, 윤동주 유고집 『하늘과 바람과 별과 시(詩)』, 정음사, 1948, pp.8~9.

100) 정병욱의 「후기(後記)」, 윤동주 시집 『하늘과 바람과 별과 시(詩)』, 정음사, 1955, p.199.

101) 윤일주, 「동주 형님의 영전에 - 시비제작을 마치고」, 『연세춘추』, 1968. 10. 28.

102) 윤영춘, 앞의 글, p.114.

103) 유영, 앞의 글, p.127.

104) 정병욱, 「윤동주의 작품 세계」, 『고전탐구의 뒤안길에서』, 신구문화사, 1982, p.265.

105) 정병욱, 「잊지 못할 윤동주 형」, 앞의 책, p.21.

106) 「별 헤는 밤」의 시작 일자는 1941년 11월 5일로 알려져 있는데, 이는 위의 인용에서 보듯 이 시에 그렇게 적혀 있는 까닭이다. 그러나 이 시작일자가 이 시의 맨 끝에 적혀 있는 것이 아니라, 제9연과 제10연 사이에 적혀 있다는 점에 유의해야 한다. 이렇게 된 것은 정병욱의 충고에 따라 시인이 나중에 제10연을 추가했기 때문이다. 시인의 육필원고 사진을 보면, 제9연의 첫 단어인 '딴은(따는)'이 원고지 칸 밖에 적혀 있는데(왕신영 외 편, 『사진판 전집』, p.166에 수록된 육필 사진 참고.), 이로 미루어 볼 때, 그리고 제10연을 포함한 이 시의 전체적인 문맥으로 미루어 볼 때, 이 '딴은'이라는 단어 역시 제10연을 추가할 때 같이 덧붙인 것으로 보인다. 이에 대한 상세한 논의는 류양선, 「윤동주의 「별 헤는 밤」 분석」(『한국현대문학연구』, 2009. 12),

pp.404~405 참고.

107) 정병욱, 「잊지 못할 윤동주 형」, 앞의 책, p.24.

108) 송우혜, 앞의 책, pp.482~483. 이는 정병욱의 누이동생인 정덕희의 증언이다.

109) 정병욱, 「하늘 빛깔」, 『바람을 부비고 서 있는 말들』, 집문당, 1980, p.65.

참고문헌

1. 자료(資料)

왕신영 외 편, 『사진판 윤동주 자필 시고전집(증보판)』, 민음사, 2002.
강처중 편, 『문우(文友)』, 연희전문학교 문우회 문예부, 1941. 6.

2. 회고(回顧)

김정우, 「윤동주의 소년 시절」, 『나라사랑』23, 1976. 여름.
문영금 문영미 엮음, 『기린갑이와 고만네의 꿈 - 문재린 김신묵 회고록』, 삼인, 2006.
문익환, 「동주, 내가 아는 대로」, 『문학사상』, 1973. 3.
문익환, 「하늘 · 바람 · 별의 시인 윤동주」, 『월간중앙』, 1976. 4.
문익환, 「동주형의 추억」, 윤일주 엮음, 『윤동주 전시집 - 하늘과 바람과 별과 시(詩)』, 정음사, 1986.
윤영춘, 「명동촌에서 후쿠오카까지」, 『나라사랑』23, 1976.
윤인석, 「큰아버지의 유고와 유품이 연세에 오기까지」, 『다시올문학』, 2013, 겨울.
윤일주, 「동주 형님의 영전에 - 시비제작을 마치고」, 『연세춘추』, 1968. 10. 28.
윤일주, 「윤동주의 생애」, 『나라사랑』23, 1976. 여름.
장덕순, 「윤동주와 나」, 『나라사랑』23, 1976. 여름.
정병욱, 「고(故) 윤동주 형의 추억」, 『연희춘추』, 1953. 7. 15.
정병욱, 「동주형의 추억」, 『국문학산고(國文學散藁)』, 신구문화사, 1959.
정병욱, 「잊지 못할 윤동주 형」, 『바람을 부비고 서있는 말들』, 집문당, 1980.
정병욱, 「하늘 빛깔」, 『바람을 부비고 서 있는 말들』, 집문당, 1980.

정병욱, 「윤동주의 작품 세계」, 『경향신문』 1980. 2. 17. 『고전탐구의 뒤안길에서』, 신구문화사, 1982.

한석희, 「한 점 부끄럼이 없기를 - 윤동주 시비(詩碑) 건립에 부쳐」, 이누가이 미쯔히로 외, 고계영 옮김, 『일본 지성인들이 사랑하는 윤동주』, 민예당, 1998.

3. 논저(論著)

권영민 편, 『윤동주 연구』, 문학사상사, 1995.

권오만, 『윤동주 시 깊이 읽기』, 소명출판, 2009.

김영철, 『말의 힘 시의 힘』, 역락, 2005.

김유중, 『한국 모더니즘과 그 주변』, 푸른사상, 2006.

김혜윤, 『모세오경 - 쉽게 풀어쓴 구약 성경, 그 첫 번째』, 생활성서사, 2011.

김홍규, 『문학과 역사적 인간』, 창작과 비평사, 1980.

남송우, 『윤동주 시인의 시와 삶 엿보기』, 부경대학교 출판부, 2007.

다시올문학 편집부, 「특집 - 윤동주 시인을 기억하며」, 『다시올문학』 24, 2013, 겨울.

류양선, 「윤동주의 「병원」 분석」, 『한국현대문학연구』, 2006. 6.

류양선, 「아름다운 별, 아름다운 이름」, 『다시올문학』, 2009. 봄.

류양선, 「윤동주의 「별 헤는 밤」 분석」, 『한국현대문학연구』, 2009. 12.

류양선, 「하늘에 올리는 제물 - 육필 자선시집 『하늘과 바람과 별과 시』」, 『다시올문학』, 2013. 겨울.

마광수, 『윤동주 연구』, 철학과 현실사, 2005.

박주신, 『간도한인(間島韓人)의 민족교육운동사』, 아세아문화사, 2000.

박호영, 『한국현대시인론고』, 민지사, 1995.

변은진, 『파시즘적 근대체험과 조선민중의 현실인식』, 선인, 2013.

서굉일, 『일제하 북간도 기독교 민족운동사』, 한신대학교 출판부, 2008.

서굉일, 「일제하 북간도지역 민족운동과 기독교(1906~1921)」, 『북간도 한인의 삶과 애환, 그리고 문화 - 명동학교 100주년 기념 국제학술대회 발표논문집』, 국립민속박물관, 2008. 4.
서굉일, 동암 편저, 『간도사신론』, 우리들의 편지사, 1993.
송우혜, 『윤동주 평전』, 푸른 역사, 2004.
송우혜, 『윤동주 평전』, 서정시학, 2014.
숭실 100년사 편찬위원회, 『숭실 100년사 - 평양 숭실』, 숭실학원, 1997.
안영로, 『한국교회의 선구자 언더우드』, 쿰란출판사, 2004.
연세대학교 백년사 편찬위원회, 『연세대학교 백년사 1』, 연세대학교 출판부, 1985.
오오무라 마쓰오, 『윤동주와 한국문학』, 소명출판, 2001.
우에노 준, 『예언시인 윤동주』, 을지출판공사, 2002.
윤호병, 『한국현대시의 구조와 의미』, 시와 시학사, 1997.
이건청, 『윤동주 - 신념의 길과 수난의 인간상』, 건국대학교 출판부, 1998.
이남호, 『윤동주 시의 이해』, 고려대학교 출판부, 2014.
이명화, 「북간도 한인사회의 기독교 수용과 명동교회」, 고병철 외, 『간도와 한인종교』, 한국학중앙연구원, 2010.
이상섭, 『윤동주 자세히 읽기』, 한국문화사, 2007.
이선영 편, 『윤동주 시론집』, 바른글방, 1989.
이숭원, 『현대시와 삶의 지평』, 시와 시학사, 1997.
임현순, 『윤동주 시의 상징과 자기의 해석학』, 지식산업사, 2009.
전상숙, 「일제 군부파시즘체제와 '식민지 파시즘'」, 방기중 편, 『일제 파시즘 지배정책과 민중생활』, 혜안, 2004.
정유화, 『한국현대시의 구조미학』, 한국문화사, 2004.
정혜경, 『조선 청년이여 황국신민이 되어라 - 식민지 조선, 강제동원의 역사』, 서해문집, 2010.
조재수, 『윤동주 시어 사전』, 연세대학교 출판부, 2005.
주교회의 성서위원회 편찬, 임승필 번역, 『신약성서 새 번역 6 - 로마서 · 고린토 1 · 2서』, 한국천주교중앙협의회, 2005.
지현배, 『영혼의 거울』, 한국문화사, 2004.

한국기독교역사연구소, 『한국 기독교의 역사 2』, 기독교문사, 2010.
한국시문학회, 「특집 - 광복 60주년, 윤동주」, 『한국시문학』 16, 2005, 9.
허청선 강영덕 주편, 『중국 조선민족 교육사 자료집 1』, 연변교육출판사, 2002.

4. 외국어 및 번역 논저

海老澤有道 編, 『立教學院百年史』, 學校法人 立教學院, 1974.
上野直藏 編, 『同志社百年史 - 通史編 二』, 學校法人 同志社, 1979.
伊吹鄕, 윤일주 역, 「시대(時代)의 아침을 기다리며(下)」, 『문학사상』, 1985, 4.
페리 D 르페브르 엮음, 이창승 옮김, 『키에르케고르의 기도』, 기독교연합신문사, 2004.
朴銀姬, 「尹東柱再考 -滿洲時代の詩を中心に-」, 『阪大比較文學』5, 2008. 3.
하라 마코토, 서정민 옮김, 『전시하 일본기독교사』, 한들출판사, 2009.
P. 로싸노 외 편, 임승필 외 역, 『새로운 성경 신학사전』, 바오로딸, 2011.
楊原泰子, 「東京時代の 尹東柱(二)」, 『はぬるはうす(하늘하우스)』, 2012. 6.
야나기하라 야스코, 이은정 역, 「시인 윤동주, 동경 시대의 하숙과 남겨진 시」, 『다시올문학』, 2013, 겨울.
콘다니 노부코 · 미즈노 나오키 · 안자이 이쿠로, 박은희 역, 「'시인 윤동주 기억과 화해의 비석' 건립운동의 현상과 공개된 재판자료의 의미에 관하여」, 『다시올문학』, 2013, 겨울.

북페리타 인물평전 총서 007
순결한 영혼, 윤동주

1쇄 발행일 2015년 1월 7일
2쇄 발행일 2018년 4월 16일
저자 류양선
펴낸이 이정수
기획 신현규
책임 편집 최민서 · 신지항
펴낸곳 (주)북페리타
등록 315-2013-000034호
주소 서울시 강서구 양천로 551-24 한화비즈메트로 2차 807호
대표전화 02-332-3923
팩시밀리 02-332-3928
이메일 editor@bookpelita.com
값 7,000원
ISBN 979-11-950821-8-6 (04080)
979-11-950821-0-0 (세트)

「이 도서의 국립중앙도서관 출판시도서목록(CIP)은 서지정보유통지원시스템 홈페이지(http://seoji.nl.go.kr)와 국가자료공동목록시스템(http://www.nl.go.kr/kolisnet)에서 이용하실 수 있습니다.(CIP제어번호: : CIP2014037190)」